THIS SORROW THAT LIFTS ME UP

FLORBELA ESPANCA

ACKNOWLEDGMENTS

Shantarin expresses its gratitude to Apeles Gilberto de Oliveira Espanca, Maria Joana de Oliveira Espanca Bacelar, Maria Manuela Ramos Espanca Mendes Calado, José Manuel Ramos Espanca, Rosa dos Anjos Gonçalves Espanca, and to the Livraria Nazareth for their permission to use photographs taken by João Maria Espanca, Demóstenes Espanca, and António Nazareth in this edition.

Shantarin also thanks the Biblioteca Geral of the Universidade de Évora for making available the following photographs from the archive of Túlio Espanca, which were used by the artist, Margarida Fleming, in the creation of the illustrations for this edition: nos. 02 (front cover and p. 78), 05 (p. 154), and 17 (p. 26) by Demóstenes Espanca, and 19 (by João Maria Espanca; p. 50), 23 (from Fotografia Nazareth, taken by António Nazareth; p. 174), and 24 (from Foto Medina, taken by J. Teixeira; p. 23).

BILINGUAL EDITION
PT | EN

THIS SORROW THAT LIFTS ME UP

FLORBELA ESPANCA

Selection and introduction
Cláudia Pazos-Alonso

Translation
Simon Park

Illustrations
Margarida Fleming

SHANTARIN

TITLE
This Sorrow that Lifts Me Up

AUTHOR
Florbela Espanca

SELECTION AND INTRODUCTION
Cláudia Pazos-Alonso

TRANSLATION
Simon Park

ILLUSTRATIONS
Margarida Fleming

GRAPHIC DESIGN
Teresa Matias

FONTS
Aria Text G1, by Rui Abreu
Sabon, by Jan Tschihold
Usual, by Rui Abreu

EDITORIAL COORDINATION
Margarida Louro

PUBLISHING DIRECTOR
João Pedro Ruivo

SERIES
Litteraria

PUBLISHER
SHANTARIN

shantarin.com
shantarin@shantarin.com

First edition: May 2022
Lisboa, Portugal
Printed by Rainho & Neves – Artes Gráficas
ISBN 978-989-53561-1-9 | Dep. legal 498972/22

© 2022 Antiga Shantarin, Lda.
All rights reserved. No part of this publication may
be reproduced in any form or by any means without
prior permission in writing from the publisher.

CONTENTS

10	**Contributors to this edition**
11	**Introduction**, by Cláudia Pazos-Alonso
22	**Florbela Espanca**
25	A vida e a morte **Life and Death**
27	**from *Livro de Mágoas***
28	Vaidade **Vanity**
30	Eu... **I'm...**
32	Tortura **Torment**
34	Lágrimas ocultas **Hidden Tears**
36	Torre de névoa **Tower of Mist**
38	A minha Dor **My Sorrow**
40	As minhas Ilusões **My Fantasies**
42	Neurastenia **Neurasthenia**
44	Angústia **Anguish**

46	Alma perdida **Lost Soul**
48	Mais triste **Sadder**
51	**from *Livro de «Soror Saudade»***
52	«Soror Saudade» **'Our Lady of Longing'**
54	O meu mal **My Misfortune**
56	Caravelas **Caravels**
58	O nosso mundo **Our World**
60	Prince Charmant... **Prince Charming...**
62	Esfinge **Sphynx**
64	Tarde demais... **Too late...**
66	Ódio? **Hatred?**
68	Renúncia **Disavowal**
70	Horas rubras **Smouldering Hours**
72	Princesa Desalento **Princess of Despair**

74	Da minha janela **From My Window**
76	Exaltação **Exultation**
79	**from *Charneca em Flor***
80	Charneca em Flor **Moor in Bloom**
82	Versos de orgulho **Proud Verses**
84	Passeio ao campo **A Walk in the Countryside**
86	Se tu viesses ver-me... **If you came to see me...**
88	O meu condão **My Power**
90	Noitinha **Sweet Evening**
92	Lembrança **Memory**
94	Mendiga **Beggarwoman**
96	Supremo enleio **Supreme Rapture**
98	Ser Poeta **To Be a Poet**
100	Mocidade **Youth**

102	Amar!	
	To Love!	
104	Nostalgia	
	Nostalgia	
106	Ambiciosa	
	What I Crave	
108	Crucificada	
	Crucified	
110	Espera...	
	Wait...	
112	Interrogação	
	Questions	
114	Volúpia	
	Wanton Passion	
116	Filtro	
	Love Potion	
118	Mais alto	
	Higher	
120	A voz da tília	
	The Voice of the Linden	
122	Não ser	
	Not Being	
124	?	
	?	
126	In memoriam	
	In memoriam	
128	Árvores do Alentejo	
	Trees of the Alentejo	
130	Sou eu!	
	It's me!	

132	Panteísmo **Pantheism**
134	Pobre de Cristo **Penury**
136	A uma rapariga **To a Girl**
139	«He hum não querer mais que bem querer.» (Camões) **'It's a not loving anything else that's a great love.' (Camões)**
140	*II – Meu amor, meu Amado, vê... repara* ***II – My love, my lover, look... see here***
142	*III – Frémito do meu corpo a procurar-te* ***III – The quiver of my body seeking yours***
144	*IV – És tu! És tu! Sempre vieste, enfim!* ***IV – It's you! It's you! You really came, at last!***
146	*VI – Falo de ti às pedras das estradas* ***VI – I talk about you to the kerbstones***
148	*VII – São mortos os que nunca acreditaram* ***VII – Dead are those who never believed***
150	*IX – Perdi os meus fantásticos castelos* ***IX – I lost my fantastical castles***
152	*X – Eu queria mais altas as estrelas* ***X – I wish the stars were higher***
155	**from *Reliquiae***
156	Évora **Évora**
158	À Janela de Garcia de Resende **At Garcia de Resende's Window**
160	Navios-fantasmas **Ghost Ships**

162	Blasfémia **Blasphemy**
164	Deixai entrar a Morte **Let Death Come In**
166	À morte **Dear Death**
168	Nihil novum **Nothing New**
170	Loucura **Madness**
172	O meu soneto **My Sonnet**
176	Liberta! **Freed**
178	**Bibliography**

Contributors to this edition

Cláudia Pazos-Alonso is Professor of Portuguese and Gender Studies at the University of Oxford. She has published several books that range widely across Lusophone literature and culture from the nineteenth century onwards. Her first monograph was titled *Imagens do Eu na poesia de Florbela Espanca* (1997) and her latest *Francisca Wood and Nineteenth-Century Periodical Culture. Pressing for Change* (2020). In addition to collaborations with multiple academic journals as guest editor, she is also jointly responsible for recent editions of Florbela Espanca (Estampa) and Judith Teixeira (Dom Quixote) and for introductory essays to the English translations of prose works by António Pedro and Sophia de Mello Breyner Andresen. She has served two terms as Vice-President of the International Association of Lusitanists (2014–2020).

Margarida Fleming is a self-taught artist with a background in Architecture and Graphic Design. She has exhibited her work in solo and group shows in Lisbon, Porto, Macau, and San Diego. Her paintings deploy a range of visual languages and constantly experiment with new techniques. Rapid brushstrokes and hyper-realist eyes are hallmarks of the enigmatic psychological landscapes of her paintings. The dense brushstrokes used for her subjects' faces express complex emotions and challenge straightforward ideas of gender and beauty.

Simon Park is Associate Professor of Medieval and Renaissance Portuguese at the University of Oxford. His work explores literature from the Medieval period to the present day. He is the author of *Poets, Patronage, and Print in Sixteenth-Century Portugal: From Paper to Gold* (2021) and the co-editor of *Mário de Sá-Carneiro, A Cosmopolitan Modernist* (2016).

Introduction

Phenomenal Florbela

Florbela Espanca (1894–1930) is one of the Portugal's best-known poets. Today, more than ninety years after her premature death, this bilingual anthology allows English-speaking readers to see why her poetry deserves to be celebrated as the work of a 'phenomenal woman', to quote here the title of a famous poem by the Afro-American, Maya Angelou.

Portugal has long been inclined to see itself as a land of poets. It is, after all, the country of two giants of the western literary canon, the Renaissance Luís de Camões and the Modernist Fernando Pessoa, both considered to have changed the course of literary history in their respective times. Despite being a contemporary of Pessoa, and being, in her own way, radical, Florbela's role in cultural modernity was not recognized until fairly recently. That she was long overlooked may have been at least in part due to the fact that she felt more at home in the traditional sonnet form cultivated by Camões than in a more avant-garde form such as free verse. But this is only part of the story: the reality is that, for most of the twentieth century, Portuguese mainstream culture remained resolutely blind to gender issues, with the predictable outcome that it continued to misguidedly conceive of itself as a fertile breeding-ground for male poets only.

In addition to her poetry, which speaks passionately of longing, love and sexual liberation against the backdrop of the interwar *années folles*, the life-story of Florbela Espanca itself reads like a soap-opera script. She was born out of wedlock in Vila Viçosa, a small town in the Alentejo, to a teenage domestic servant who died young. Her father was an amateur photographer and left us many pictures of his daughter's formative years. Her much-loved brother, Apeles, an aviator, died when his plane fell in to the Tagus in 1927. Although on one level Vila Viçosa was a sleepy provincial town, it was also the proud home of the monumental palace of the Braganzas, who visited intermittently up to the end of the monarchy in 1910. One can only imagine that the traces and presence of the royal family in Florbela's hometown must have fed the imagination of a sensitive young child. Her first known poem, written at the tender age of eight, displays unusually precocious metaphysical concerns in her thematic handling of life and death. As such it provides a fitting starting-point for this anthology[1].

Florbela was nearly sixteen when Portugal became a Republic. The seismic upheaval brought about by the change of political regime must surely have resonated with her, however subconsciously, not least given debates surrounding women's rights. It is worth highlighting that Republican reforms soon translated into some legal equality—for which first-wave feminists such as the lawyer, Ana de Castro Osório, and the gynecologist, Adelaide Cabete (also born in the Alentejo), had been clamouring. This resulted in one of the most progressive divorce laws in Europe at the time, from which Florbela herself would subsequently benefit: she was twice divorced and married three times in the space of twelve years.

Like the troubled Sylvia Plath after her, Florbela's poetry is often performative and her poetic persona regularly occupies centre-stage. Not unlike Plath, aware that 'Dying is an art. I do it exceptionally well', she eventually took her own life in December 1930—on the eve of her birthday (she was born on 8 December, the day of the Immaculate Conception of the Virgin Mary, the patron saint of her native Vila Viçosa). Some of her poetry, posthumously collated under the title of *Reliquae*, intimates that she envisaged death as the ultimate female refuge ('Let Death Come In', p. 165; 'Dear Death', p. 167). Her desire to return to the maternal womb of the Alentejo was also poignantly prefigured in the sonnet 'Penury' (p. 135) from *Charneca em Flor*—initially published in 1929 in a literary magazine under the arguably more evocative title of 'Minha Terra' ('My Homeland').

After her untimely demise in 1930, Florbela quickly became the stuff of legend, thanks to the irresistible combination of a turbulent biography

---

[1]. The text of the poems in this anthology broadly follows the Estampa editions of *Livro de Mágoas*, *Livro de «Soror Saudade»*, and *Charneca em Flor*, while retaining the pre-1990 spelling agreement. In the case of the poems gathered and published posthumously under the title of *Reliquae*, this edition was based on *Sonetos Completos* (Coimbra: Livraria Gonçalves, 1936). For 'A vida e a morte', the source text was the *fac-simile* manuscript included in *Obras Completas*, ed. by Rui Guedes (Lisbon: Dom Quixote, 1985), vol. II, p. 43. For 'Liberta!' the source text was the manuscript held by the Grupo de Amigos de Vila Viçosa.

and a string of signature sonnets that alternate between feelings of crushing failure and the proclamation of her lust for life. Hot on the heels of her death, her third collection, *Charneca em Flor*, was released to critical acclaim in early 1931. But while her poetry, collated into the single volume compilation *Sonetos Completos* from 1934 onwards, became widely disseminated, it was not granted proper recognition in academic circles until well after the Carnation Revolution of 1974. Since then her work has been increasingly studied, read, translated, and celebrated for what it is—the oeuvre of an immensely talented writer, who injected her extraordinary subjectivity into an unfolding modernity and unsettled gender norms.

Indeed, during the four decades of Salazar's Estado Novo (1933–1974), her verses became a byword for wider resistance. The poet and critic Jorge de Sena was among the first to point out in a 1946 lecture that pieces such as 'Higher' (p. 119), with its blasphemous appropriation of the Catholic iconography of the Virgin Mary, or 'To a Girl' (p. 137) which blatantly encouraged a teenage girl to be true to herself no matter what, were radically at odds with the straightjacket imposed on women by the Salazar regime. It is worth reminding ourselves that the constitution of the longest lasting dictatorship in Europe stipulated equality for all, but contained a clause that in practice circumscribed women's freedom in the light of 'diferenças resultantes da sua natureza e do bem da família' [differences arising from their nature and the good of the family]. No wonder then that Florbela's poetry, teeming as it does with forms of resistance rooted in the body, was enjoyed for its transgressive themes and underlying anti-establishment streak.

The scale of the popularity of her oeuvre, when measured by the number of re-editions of *Sonetos Completos* in quick succession, gives ample food for thought. A cursory online search in the catalogues of the Biblioteca Nacional de Portugal reveals that the 1934 compilation, initially released by the Coimbra-based Livraria Gonçalves and from 1950 onwards by the Porto-based Tavares Martins, reached its eighth edition by 1950, and fourteenth by 1974. This is nothing short of remarkable when we consider that Fernando Pessoa's celebrated 1934 *Mensagem*, initially published that very same year by Parceria A.M. Pereira, and subsequently by the Lisbon-based Ática from 1945 onwards, lagged significantly behind. Even though it was more readily susceptible to appropriation by the regime (it is surely not coincidental that the second edition was published by Agência Geral das Colónias in 1941), *Mensagem* only reached its fourth edition in 1952, and its tenth edition in 1972.

In terms of narrative arc, it is tempting to interpret Florbela's poetic trajectory across the three main collections that she organized for publication in the course of her life as a trajectory towards agency. Early on, whilst one of the few female students enrolled in a Law degree at the University of Lisbon, she inspired several poems among her fellow students. She initially responded to being cast as a muse by cultivating the tantalizing aura of an aloof poet in her first collection *Livro de Mágoas* (1919). The collection is pervaded from beginning to end by an all-consuming melancholy, with titles such as 'Neurastenia' alluding to depression. Her melancholia positions her in a linage of *poètes maudits*, in the vein of the nineteenth-century French symbolist, Paul Verlaine, whom she cites in an epigraph. Tellingly, as Florbela attempted to carve out for herself a space in an overwhelmingly male Portuguese literary tradition, she is prepared to remain utterly alone, 'I'm she who goes by and no-one sees…' ('I'm…', p. 31), given the inability of her readers and society at large to recognize her genius as a writer trapped in the body of a woman.

Such self-fashioning led one of her fellow students, Americo Durão, to christen her 'Soror Saudade' [Our Lady of Longing]. Flobela incorporated this name into the title of her second collection, *Livro de «Soror Saudade»* (1923). Although at first she seemingly goes along with what she was expected to be, namely a virginal nun or princess, as the collection unfolds she subversively positions herself as a desiring self and reaches an unprecedented degree of empowerment by flaunting her corporeality and sexuality. Significant milestones in this ongoing process are 'Prince Charming' (p. 61) which deconstructs the myth of Prince Charming by staging the voice of a Sleeping Beauty who is not only awake, but actively in search of her ethereal Prince; 'Smouldering Hours' (p. 71) which subverts the myth of the silent Muse as she seductively addresses a male Poet; 'Disavowal' (p. 69) where she urges her shackled youth to relinquish female sexuality but ruefully shows this injunction to be completely self-defeating; and finally the closing sonnet 'Exultation' (p. 77) which unites the ecstasy of creation with the ecstasy of love.

In the process of identity construction, Florbela reclaims an empowering alliance with nature. Halfway through *Livro de «Soror Saudade»* the recovery of this bond takes centre-stage in 'Sphynx' (p. 63), a poem where she posits for herself a female-centred lineage as the 'daughter of the wild, windswept moor'. The focus on the body, and not just the mind, explodes contemporary expectations of female propriety but also, more broadly speaking, the Cartesian *cogito ergo sum*: Florbela's poetry seems to postulate 'My body feels, therefore I am'. And although in 'Disavowal' she enjoins herself not to feel, the second stanza subtly draws attention to the beauty, freedom, and enlightenment that stemmed from the natural world, described as akin to a 'passionate kiss'. It is this image of natural wilderness, synonymous with poetic and sexual liberation, that provides a fertile starting-point for her final collection, *Charneca em Flor* (1931).

The publication of Espanca's third volume of poetry barely one month after she took her own life is a landmark moment in her short but intense poetic journey, insofar as it features some of the most memorable love sonnets ever written in the Portuguese language. The defiant voice which had begun to surface intermittently in *Livro de «Soror Saudade»* reaches an almost epic dimension in this posthumous work, as the poet proclaims the right to personal and artistic fulfilment. It is telling that the eponymous opening sonnet sees the poetic 'I' undressing, leaving the shroud of the virginal Soror Saudade behind. Her celebration of nakedness has to be understood, furthermore, in the loaded context in which the sonnet was first published: it was included in *Europa*, a 1925 literary magazine directed by the most controversial modernist woman writer of the period, the bissexual Judith Teixeira (1880–1959).

It is impossible to underplay the courage of Florbela's willingness to be publicly associated with Teixeira. The latter's work *Decadência* [Decadence] had been censored only a couple of years earlier in March 1923 amidst a scandal that came to be known as the 'Literature of Sodom' scandal. Teixeira's collection had been deemed to be in breach of public morality, alongside the writers, Antonio Botto and Raul Leal, whose work foregrounded homossexual themes. To this day, it is unclear whether the two women ever met in person, but there can be no doubt that they knew of each other. Teixeira and Espanca were both pioneers in their unapologetic explorations of the cartographies of female desire. The following year, Teixeira would go on to publish a collection provocatively titled *Nua* [Naked Woman] as well as a lecture titled 'De Mim' [About Myself] (1926). Teixeira's deliberate courting of controversy is amplified in *Charneca em Flor*. As a result, although Espanca's radical message was squarely situated within a heteronormative worldview, her brand of overt eroticism was barely more palatable to the emerging dictatorship than that of Teixeira's defiant queer identity.

Espanca's radical proclamations of intellectual and sexual freedom remained paradoxically contained within the apparently safe boundaries of the sonnet structure. Nevertheless, although her focus was not on formal innovation *per se*, in some of her most memorable poems, her trademark use of punctuation (ellipsis, exclamation marks) and enjambement threatens to explode the orderly decasyllables required of the sonnet. In a telling instance from *Charneca em Flor*, a piece simply titled '?' (p. 125), the sequence 'my soul' (usually elided into 'minh'alma' in her poetry) is fissured by the unexpected use of the possessive in a rhyme position in the Portuguese original. This generates a cleavage before spilling over into a magnificent enjambement 'Who made the sea? And my / Bleeding heart?'. What is more, the inscription of blood—and the image of the bleeding soul—seems to encapsulate a spiritual longing made flesh. It is surely not a coincidence, then, that the next stanza brings in Santa Teresa of Avila. As the sonnet's title pinpoints, Florbela is unafraid of questioning the status quo as she inscribes herself into a genealogy of ambiguously desiring female selves.

Florbela's modernist performativity leads her to rewrite the myth of Icarus. In the early *Livro de Mágoas* at the close of the 'Vanity' (p. 29), after articulating her ambitions through images of ascent, her poignant downfall loomed so large that it ruptured the final line in two. By contrast, in Charneca em Flor, not only does she present herself rising through the power of her verses but any falls become mere temporary setbacks in a journey of empowerment. Foreshadowing the lines of Maya Angelou in 'Still I rise', the poetic voice can soar above her human lot, irrespective of the injuries of history. In fact, as Florbela proclaims in 'To Be a Poet' (p. 99), a poem that stages a seminal intertextual dialogue with Camões: 'To be a poet is to be / […] *more than men!*' (my emphasis). And thus it follows that, after her transgressive Virgin-like ascension in the aforementioned 'Higher' (p. 119), *Charneca em*

Flor can confidently conclude with a sonnet (X) that once again signals her desire to expand and explode boundaries through a torrential reiteration of her quest for 'mais' [more].

Finally, while her editor, the Italian professor Guido Batelli, arranged the posthumous compilation *Reliquiae* so as to emphasise death and longing, thereby locating Florbela at the tail end of a long lineage of Neo-Romantic poets, we cannot help but notice that at least two of her pieces therein, namely 'Madness' (p. 171) and 'My Sonnet' (p. 173), speak of personal liberation in ways that equally situate her as a precursor of second-wave feminism. Accordingly, taking our cue from *Le rire de la Méduse*, where Cixous concludes that the monstruous Medusa has been culturally mispresented because 'Elle est belle et elle rit' [She's beautiful and she's laughing], we opted to draw the present anthology to an end with a choice of pieces that revise Batelli's preferred narrative, insofar as they explicitly embody dissident laughter in their closing lines. 'Madness' questions the limits of self and expresses the necessary intertwining of madness and genius, in order to free up 'so many cackling souls within my own!'. In turn, 'My Sonnet' projects a confident speaker endowed with a 'lyrical, pagan smile!'. Finally, the undated and truncated 'Freed' (p. 177) seems to offer a fitting, albeit provisional, close to this anthology insofar as the intriguing absence of its two missing tercets draws attention to the contingent silences of literary history. Were these tercets ever written? If so, were they self-censored or rather posthumously censored? We shall probably never know.

What we do know for certain, however, is that physical death was far from the end of the road for Florbela Espanca. A cult poet, she has continued to go from strength to strength, enjoying a rich and varied afterlife in Portugal and Brazil and prompting translations first into Italian, then French, Spanish, German and others. A celebratory bust by Diogo de Macedo was sculpted soon after her death, but its unveiling in the Public Gardens of Évora was only authorized after nearly twenty years of bureaucratic heel-dragging, on account of her 'scandalous' life. After the April 1974 Revolution brought back freedom to Portugal and finally ensured equal rights for women in the constitution, her legacy continued to prove a powerful source of inspiration for writers, playwrights, visual artists, musicians and film-makers alike. Writers include the *enfant terrible* of the Salazar regime, Natália Correia, and the novelist Agustina Bessa-Luís—both formidable public intellectuals of opposing political persuasions—and most recently the Brazilian, Maria Lúcia Dal Farra, author of an inspired sequence titled 'De Florbela para Pessoa. Com Amor' in 2017.

Music and film have also considerably contributed to cement Florbela's transnational circulation. The short film A MORrer, directed by the Brazilian Gabriela Caldas in 2005 was followed in Portugal by the prize-winning *Florbela*, a full-length film directed by Vicente do Ó. Released commercially in 2008, it loosely re-interpreted Florbela's biography to general critical acclaim. Last but not least, the intensity of Florbela's sonnets also lent itself to be frequently put to music over the years, as evidenced most recently by the release of a CD that showcases her poetry through the dramatic form of *fado*. One century after the publication of her grief-stricken *Livro de Mágoas*, then, it seems clear that Florbela's vibrant lyricism, bolstered by her tragic life story, continues to circulate and soar, inspiring ever more audiences.

Cláudia Pazos-Alonso
University of Oxford

Florbela Espanca
Vila Viçosa, 8 December 1894 – Matosinhos, 8 December 1930

Florbela d'Alma da Conceição Espanca was born on 8 December 1894 in Vila Viçosa, Portugal. She was the illegitimate daughter of Antónia da Conceição Lobo and João Maria Espanca. Her younger brother, Apeles Espanca, was born in 1897. In 1908, Espanca became one of the first female students to join the Liceu André de Gouveia, in Évora. In 1913, she married Alberto Moutinho and they moved to Redondo, where both worked as private tutors. In 1917, she moved to Lisbon and enrolled to study Law at the University of Lisbon, one of only a few women to do so. She never completed her degree and her first suicide attempt seems to date from this period, according to a poem by Boto de Carvalho, one of her fellow students. In June 1919, she published her first collection, *Livro de Mágoas*. She remarried in 1921, by which time she had already suffered a miscarriage, as her correspondence to her soon-to-be second husband, António Guimarães, indicates. *Livro de «Soror Saudade»* was published in January 1923. The couple separated and eventually divorced. Espanca married again in 1925 and lived in Matosinhos with her third husband, the doctor Mário Lage. She became a freelance translator of novels from French. When her beloved brother fell to his death in his plane in June 1927, the poetry collection that she had been preparing was temporarily put to one side as, plagued by grief, she started writing short stories permeated by the theme of death. Both *Charneca em Flor* (poetry) and *Máscaras do Destino* (short stories) would only be published posthumously, the former thanks to the timely intervention of the Italian professor, Guido Battelli, who took an interest in Espanca's writings in the last six months of her life. She was in the process of proofreading *Charneca em Flor* in December 1930 when she committed suicide on the eve of her birthday by overdosing on painkillers. Some of her writings, namely *Diário do último ano*, prefaced by Natália Correia, and another short-story collection, *O Dominó Preto*, were only released half a century later, in the early 1980s.

A vida e a morte

O que é a vida e a morte
Aquela infernal inimiga
A vida é o sorriso
E a morte da vida a guarida

A morte tem os desgostos
A vida tem os felizes
A cova tem a tristeza
E a vida tem as raízes

A vida e a morte são
O sorriso lisonjeiro
E o amor tem o navio
E o navio o marinheiro

11-11-1903

Life and Death

What life is and what death is
That infernal enemy
Life is a smile
And death is the cure for life

Death holds displeasure
Life holds the happy
The grave holds sadness
And life holds roots

Life and death are
The flattering grin
And love holds the ship
And the ship the sailor

11-11-1903

from *Livro de Mágoas*

Vaidade

Sonho que sou a Poetisa eleita,
Aquela que diz tudo e tudo sabe,
Que tem a inspiração pura e perfeita,
Que reúne num verso a imensidade!

Sonho que um verso meu tem claridade
Para encher todo o mundo! E que deleita
Mesmo aqueles que morrem de saudade!
Mesmo os de alma profunda e insatisfeita!

Sonho que sou Alguém cá neste mundo...
Aquela de saber vasto e profundo,
Aos pés de quem a terra anda curvada!

E quando mais no céu eu vou sonhando,
E quando mais no alto ando voando,
Acordo do meu sonho...
                    E não sou nada!...

from *Livro de Mágoas*

Vanity

I dream I am the chosen Poetess,
she who knows all, speaks all,
whose imagination is unsullied and perfect,
gathering all the world in a single line!

I dream a line of mine shines
bright enough to fill the world! And delights
even those dying from longing!
Even those with deep, unquenched souls!

I dream I'm Someone here in this world...
Someone with knowledge, vast and profound,
at whose feet the earth bows down!

As I go deeper into lofty dreams
and keep soaring higher,
I wake up from my dreams...
                              And I am nothing!

Florbela Espanca

Eu...

Eu sou a que no mundo anda perdida,
Eu sou a que na vida não tem norte,
Sou a irmã do Sonho, e desta sorte
Sou a crucificada... a dolorida...

Sombra de névoa ténue e esvaecida,
E que o destino amargo, triste e forte,
Impele brutalmente para a morte!
Alma de luto sempre incompreendida!...

Sou aquela que passa e ninguém vê...
Sou a que chamam triste sem o ser...
Sou a que chora sem saber porquê...

Sou talvez a visão que Alguém sonhou,
Alguém que veio ao mundo pra me ver,
E que nunca na vida me encontrou!

from *Livro de Mágoas*

I'm...

I'm she who walks lost around the world,
I'm she who's got no direction in life,
I'm the sister of Dreams, and it's my lot
to be crucified... full of sorrow...

A misty shadow, thin and fading,
whom bitter fortune, solemn yet strong,
drags brutally toward death!
A soul in mourning forever misunderstood!

I'm she who goes by and no-one sees...
She they call sad without it being so...
She who weeps without knowing why...

I'm perhaps an image Someone dreamt up,
Someone who came to this world to find me,
and never once crossed my path!

Tortura

Tirar dentro do peito a Emoção,
A lúcida Verdade, o Sentimento!
— E ser, depois de vir do coração,
Um punhado de cinza esparso ao vento!...

Sonhar um verso d'alto pensamento,
E puro como um ritmo d'oração!
— E ser, depois de vir do coração,
O pó, o nada, o sonho dum momento...

São assim ocos, rudes, os meus versos:
Rimas perdidas, vendavais dispersos,
Com que eu iludo os outros, com que minto!

Quem me dera encontrar o verso puro,
O verso altivo e forte, estranho e duro,
Que dissesse, a chorar, isto que sinto!!

from *Livro de Mágoas*

Torment

To draw up Emotion from inside my chest,
the sparkling Truth of Sentiment!—
and find, once taken from the heart,
a fistful of ash loosed into the breeze!

To dream up a line of lofty thoughts,
pure like the cadence of a prayer—
and find, once taken from the heart,
it's nought, just dust, the briefest illusion…

This is what my verses are: hollow, dumb,
broken rhymes, scattered gales
I use to delude and deceive others!

How will I ever find that perfect line,
lofty and powerful, lasting and strange,
that might express, between sobs, what I'm feeling?!

Lágrimas ocultas

Se me ponho a cismar em outras eras
Em que ri e cantei, em que era qu'rida,
Parece-me que foi noutras esferas,
Parece-me que foi numa outra vida...

E a minha triste boca dolorida
Que dantes tinha o rir das primaveras,
Esbate as linhas graves e severas
E cai num abandono de esquecida!

E fico, pensativa, olhando o vago...
Toma a brandura plácida dum lago
O meu rosto de monja de marfim...

E as lágrimas que choro, branca e calma,
Ninguém as vê brotar dentro da alma!
Ninguém as vê cair dentro de mim!

from *Livro de Mágoas*

Hidden Tears

If I let myself dwell on times gone by
when I was loved, and laughed, and sang,
it seems like it was another world,
it seems like it was another life...

And my sad and sorrowful mouth,
which used to beam with a springtime smile
loses its grave and serious edges
and falls into the abyss of being forgotten!

And lost in thought I stare into the distance...
My expression, like an ivory nun's,
takes on the quiet stillness of a lake...

And the tears I shed, pale and calm,
no-one sees them well up in my soul,
no-one sees them fall inside me!

Torre de névoa

Subi ao alto, à minha Torre esguia,
Feita de fumo, névoas e luar,
E pus-me, comovida, a conversar
Com os poetas mortos, todo o dia.

Contei-lhes os meus sonhos, a alegria
Dos versos que são meus, do meu sonhar,
E todos os poetas, a chorar,
Responderam-me então: «Que fantasia,

Criança doida e crente! Nós também
Tivemos ilusões, como ninguém,
E tudo nos fugiu, tudo morreu!...»

Calaram-se os poetas, tristemente...
E é desde então que eu choro amargamente
Na minha Torre esguia junto ao Céu!...

from *Livro de Mágoas*

Tower of Mist

I climbed up high, up my slender Tower,
made of mist and smoke and moonlight,
and full of feelings set myself to speak
all day long with the poets of the past.

I shared with them my dreams and the joy
of verses that were mine, and mine alone,
and all the poets, weeping,
said back to me: 'What flights of fancy,

naive and silly girl! We also had once
such delusions of grandeur
and they eluded us, all withered away!'

The poets then fell into gloomy silence…
and ever since I have shed bitter tears
in my slender Tower that touches the sky!

Florbela Espanca

A minha Dor

A você

A minha Dor é um convento ideal
Cheio de claustros, sombras, arcarias,
Aonde a pedra em convulsões sombrias
Tem linhas dum requinte escultural.

Os sinos têm dobres d'agonias
Ao gemer, comovidos, o seu mal...
E todos têm sons de funeral
Ao bater horas, no correr dos dias...

A minha Dor é um convento. Há lírios
Dum roxo macerado de martírios,
Tão belos como nunca os viu alguém!

Nesse triste convento aonde eu moro,
Noites e dias rezo e grito e choro!
E ninguém ouve... ninguém vê... ninguém...

from *Livro de Mágoas*

My Sorrow

For you

My Sorrow is a perfect convent,
all cloisters, shadows, and colonnades,
where the stone in gloomy convulsions
takes on shapes of sculptural grace.

The restless bells ring out agonies
as, stricken, they toll their misfortunes…
And all these bells sound like funeral knells,
as they chime the hours, day after day…

My Sorrow is a convent. There are lilies
the pallid purple of passionflowers,
as beautiful as anyone has ever seen!

And in this unhappy convent where I while away
the nights and days, wailing, and weeping, and praying,
No-one hears… no-one sees… no-one…

As minhas Ilusões

Hora sagrada dum entardecer
D'Outono, à beira-mar, cor de safira.
Soa no ar uma invisível lira...
O sol é um doente a enlanguescer...

A vaga estende os braços a suster,
Numa dor de revolta cheia de ira,
A doirada cabeça que delira
Num último suspiro, a estremecer!

O sol morreu... e veste luto o mar...
E eu vejo a urna d'oiro, a baloiçar,
À flor das ondas, num lençol d'espuma!

As minhas Ilusões, doce tesoiro,
Também as vi levar em urnas d'oiro,
No Mar da Vida, assim... uma por uma...

from *Livro de Mágoas*

My Fantasies

In the holy hour of an autumnal
twilight, by the sapphire-coloured sea,
an invisible lyre resounds in the air...
The ailing sun is wasting away...

The wave extends its arms to prop up,
in a tide of painful, angry protest,
the golden head that raves and shudders,
as it takes its final breath!

The sun died... and the sea dressed itself in black...
but I see the golden urn bobbing
on the crest of the waves, on a sheet of foam.

My fantasies, that sweet hoard,
I've also seen them float away like this
in urns of gold on the Sea of Life... one by one...

Neurastenia

Sinto hoje a alma cheia de tristeza!
Um sino dobra em mim Ave-Marias!
Lá fora, a chuva, brancas mãos esguias,
Faz na vidraça rendas de Veneza...

O vento desgrenhado chora e reza
Por alma dos que estão nas agonias!
E flocos de neve, aves brancas, frias,
Batem as asas pela Natureza...

Chuva... tenho tristeza! Mas porquê?!
Vento... tenho saudades! Mas de quê?!
Ó neve que destino triste o nosso!

Ó chuva! Ó vento! Ó neve! Que tortura!
Gritem ao mundo inteiro esta amargura,
Digam isto que sinto que eu não posso!!...

from *Livro de Mágoas*

Neurasthenia

I feel my soul brimming with sadness today!
A bell rings out an Ave Maria in me!
Out there, the rain, with pale and slender hands,
weaves Venetian lace on the window pane!

The dishevelled wind weeps and prays
for the souls of those at the end of their days!
And tufts of snow, like pale, cold birds,
flap their wings through Nature...

Rain... I am sad! But why?!
Wind... I am longing! But for what?!
Oh snow, what an awful fate this is!

Oh rain! Oh wind! Oh snow! What torment!
Howl out this anguish to the whole wide world,
reveal what I feel but cannot say!!...

Angústia

Tortura do pensar! Triste lamento!
Quem nos dera calar a tua voz!
Quem nos dera cá dentro, muito a sós,
Estrangular a hidra num momento!

E não se quer pensar!... E o pensamento
Sempre a morder-nos bem, dentro de nós...
Qu'rer apagar no Céu — Ó sonho atroz! —
O brilho duma estrela, com o vento!...

E não se apaga, não... nada se apaga!
Vem sempre rastejando como a vaga...
Vem sempre perguntando: «O que te resta?...»

Ah! não ser mais que o vago, o infinito!
Ser pedaço de gelo, ser granito,
Ser rugido de tigre na floresta!

from *Livro de Mágoas*

Anguish

The torment of thinking! A sad affliction!
I want to silence your voice!
I want to strangle soon, with my own bare hands,
the hydra that lurks within!

To not even think at all!... My thoughts
are always chewing me up from inside...
It's like wanting to blow out with the wind—a horrid vision!—
a star's shimmer in the night sky!

But it won't go out, no... nothing goes out!
My thoughts come crawling along like the tide...
They come along asking: 'What've you got left...?'

Oh! If I could be nothing but empty infinity!
A granite rock, a shard of ice,
the roar of a tiger in the jungle!

Florbela Espanca

Alma perdida

Toda esta noite o rouxinol chorou,
Gemeu, rezou, gritou perdidamente!
Alma de rouxinol, alma da gente,
Tu és, talvez, alguém que se finou!

Tu és, talvez, um sonho que passou,
Que se fundiu na Dor, suavemente...
Talvez sejas a alma, a alma doente
D'alguém que quis amar e nunca amou!

Toda a noite choraste... e eu chorei
Talvez porque, ao ouvir-te, adivinhei
Que ninguém é mais triste do que nós!

Contaste tanta coisa à noite calma,
Que eu pensei que eras tu a minh'alma
Que chorasse perdida em tua voz!...

from *Livro de Mágoas*

Lost Soul

All last night the nightingale wept,
prayed, cried out in complete despair!
A nightingale's spirit, our spirit,
perhaps you are someone who's met their end!

Perhaps you are a passing dream
that melted gently into Sorrow...
Perhaps you are the soul, the afflicted soul,
of one who longed to love but never did!

You wept the whole night through... and I did too,
perhaps because your singing made me see,
that no-one could be sadder than we!

You told so many tales that peaceful night,
that I thought you might be my very soul,
weeping, lost, through your song!...

Florbela Espanca

Mais Triste

É triste, diz a gente, a vastidão
Do Mar imenso! E aquela voz fatal
Com que ele fala, agita o nosso mal!
E a Noite é triste como a Extrema-Unção!

É triste e dilacera o coração
Um poente do nosso Portugal!
E não vêem que eu sou... eu... afinal,
A coisa mais magoada das que o são?!...

Poentes d'agonia trago-os eu
Dentro de mim e tudo quanto é meu
É um triste poente d'amargura!

E a vastidão do Mar, toda essa água
Trago-a dentro de mim num Mar de Mágoa!
E a Noite sou eu própria! A Noite escura!!

from *Livro de Mágoas*

Sadder

There is sadness in the immense vastness,
of the Sea, so people say. And the dire voice
with which it speaks churns up our every woe!
And the Night is as sad as the Last Rites!

The sunsets of this Portuguese land
are sad and tear our hearts asunder!
But people fail to see, it's me... yes, it's me,
who's the most melancholy thing of all?!

Nightfalls of agony, I carry them
inside me, and everything that's mine
is a sad and bitter sunset!

And the Sea's great vastness, all that water,
I hold within like a Sea of Sorrows!
And the dark Night, the dark Night, it's me!

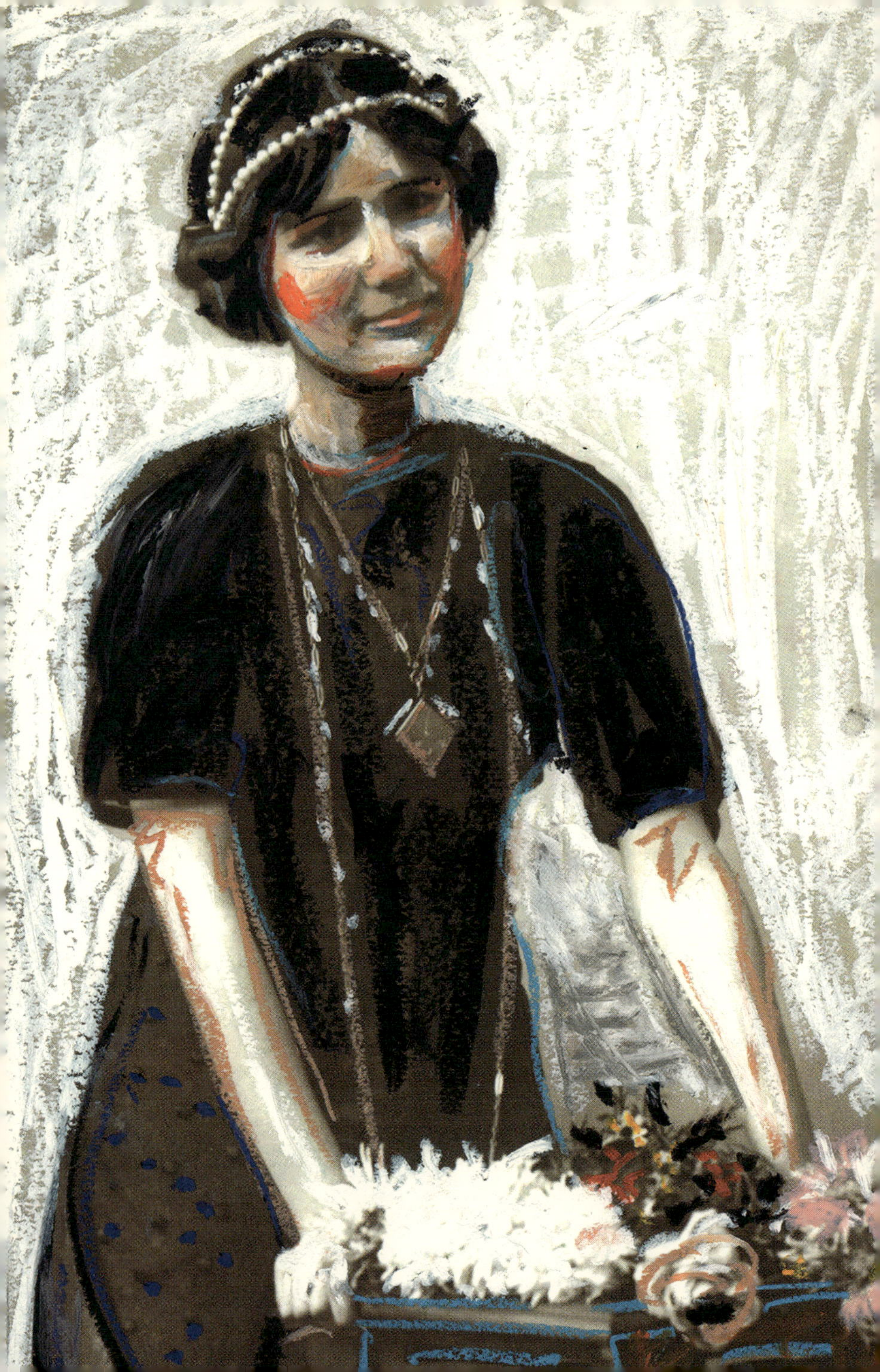

from *Livro de «Soror Saudade»*

«Soror Saudade»

A Américo Durão

Irmã, Soror Saudade, me chamaste...
E na minh'alma o nome iluminou-se
Como um vitral ao sol, como se fosse
A luz do próprio sonho que sonhaste.

Numa tarde de Outono o murmuraste;
Toda a mágoa do Outono ele me trouxe;
Jamais me hão de chamar outro mais doce:
Com ele bem mais triste me tornaste...

E baixinho, na alma de minh'alma,
Como bênção de sol que afaga e acalma,
Nas horas más de febre e de ansiedade,

Como se fossem pétalas caindo,
Digo as palavras desse nome lindo
Que tu me deste: «Irmã, Soror Saudade»...

from *Livro de «Soror Saudade»*

'Our Lady of Longing'

For Américo Durão

Our Lady, Our Lady of Longing you called me…
And in my soul that name began to glint
like a stained-glass window in the sun,
with the glow of the vision you dreamt up.

You whispered it one autumn afternoon,
and soon came all that season's heartache;
they'll never call me anything sweeter:
that name made me more sorrowful still…

And hushed, deep down within my soul,
like a bright blessing that calms and caresses,
in the dark hours of feverish longing,

like petals falling down upon me,
I say the words of that beautiful name
you gave me: 'Our Lady, Our Lady of Longing'…

O meu mal

A meu Irmão

Eu tenho lido em mim, sei-me de cor,
Eu sei o nome ao meu estranho mal:
Eu sei que fui a renda dum vitral,
Que fui cipreste e caravela e dor!

Fui tudo o que no mundo há de maior;
Fui cisne e lírio e águia e catedral!
E fui, talvez, um verso de Nerval,
Ou um cínico riso de Chamfort...

Fui a heráldica flor de agrestes cardos,
Deram as minhas mãos aroma aos nardos...
Deu cor ao eloendro a minha boca...

Ah! De Boabdil fui lágrima na Espanha!
E foi de lá que eu trouxe esta ânsia estranha!
Mágoa não sei de quê! Saudade louca!

from *Livro de «Soror Saudade»*

My Misfortune

For my brother

I have read myself, I know me by heart,
I know the word for my strange affliction.
I know I've been the delicacy of stained glass,
I've been cypress, caravel, and suffering.

I've been everything that's great in this world;
I've been swan and lily, eagle and cathedral!
I've been, perhaps, a line from Nerval,
or the cynical smirk of Chamfort...

I've been the heraldic flora of wild thistles,
my hands passed their scent to the prickly nard,
and my lips lent their colour to the oleander...

Ah! I've been one of Boabdil's Moorish tears!
From him I caught this strange sensation!
This unfounded sorrow! Ludicrous longing!

Caravelas

Cheguei a meio da vida já cansada
De tanto caminhar! Já me perdi!
Dum estranho país que nunca vi
Sou neste mundo imenso a exilada.

Tanto tenho aprendido e não sei nada.
E as torres de marfim que construí
Em trágica loucura as destruí
Por minhas próprias mãos de malfadada!

Se eu sempre fui assim este Mar Morto:
Mar sem marés, sem vagas e sem porto
Onde velas de sonhos se rasgaram!

Caravelas doiradas a bailar...
Ai, quem me dera as que eu deitei ao Mar!
As que eu lancei à vida, e não voltaram!...

from *Livro de «Soror Saudade»*

Caravels

I reached the midway point of life, already tired
from so much journeying! I am lost!
From a strange homeland that I've never seen,
I'm in exile in this expansive world.

I've learned so much and yet know nothing,
and those ivory towers I erected,
I tore down in tragic ravings
with my own ill-fated hands!

Perhaps I've always been this Dead Sea:
tideless, waveless, and harbourless,
where the sails of dreams get torn apart!

Golden caravels dancing...
Oh, I want back the ones I sent out to sea!
Those I sent off into life, never to return...

O nosso mundo

Eu bebo a Vida, a Vida, a longos tragos
Como um divino vinho de Falerno!
Poisando em ti o meu olhar eterno
Como poisam as folhas sobre os lagos...

Os meus sonhos agora são mais vagos...
O teu olhar em mim, hoje, é mais terno...
E a Vida já não é o rubro inferno
Todo fantasmas tristes e pressagos!

A Vida, meu Amor, quero vivê-la!
Na mesma taça erguida em tuas mãos,
Bocas unidas hemos de bebê-la!

Que importa o mundo e as ilusões defuntas?...
Que importa o mundo e seus orgulhos vãos?...
O mundo, Amor!... As nossas bocas juntas!...

from *Livro de «Soror Saudade»*

Our World

I drink up Life in tremendous gulps
like a sanctified Falernian wine!
Settling my endless gaze upon you
like a leaf alighting on a lake...

My dreams are now yet more elusive...
Your gaze feels, today, more tender...
And Life's no longer that fiery hell
of omens and miserable ghosts!

Life, oh my Love, how I want to live it!
From that same chalice, held up in your hands,
let our mouths drink it up in unison!

What matter the world's defunct illusions?...
What matter the world and its hollow pride?...
Our world, my Love... just our mouths entwined!...

Prince Charmant...

A Raul Proença

No lânguido esmaecer das amorosas
Tardes que morrem voluptuosamente
Procurei-O no meio de toda a gente.
Procurei-O em horas silenciosas!

Ó noites da minh'alma tenebrosas!
Boca sangrando beijos, flor que sente...
Olhos postos num sonho, humildemente...
Mãos cheias de violetas e de rosas...

E nunca O encontrei!... Prince Charmant...
Como audaz cavaleiro em velhas lendas
Virá, talvez, nas névoas da manhã!

Em toda a nossa vida anda a quimera
Tecendo em frágeis dedos frágeis rendas...
— Nunca se encontra Aquele que se espera!... —

from *Livro de «Soror Saudade»*

Prince Charming...

For Raul Proença

In the languid fading of romantic
afternoons that end in pleasure,
I sought Him out in the crowds.
I sought Him out in silent hours!

Oh shadowy nights of my soul!
My mouth bleeding kisses, a flower that feels...
Eyes set meekly upon a dream...
Hands full of violets and roses...

And I never found Him!... my Prince Charming...
Like the courageous knight of legends old,
perhaps he'll arrive in the mists of dawn!

That vain illusion lasts our whole life long,
weaving flimsy filigree with fragile fingers...
No-one ever meets the Man of their dreams!

Esfinge

Sou filha da charneca erma e selvagem:
Os giestais, por entre os rosmaninhos,
Abrindo os olhos d'oiro, plos caminhos,
Desta minh'alma ardente são a imagem.

E ansiosa desejo — ó vã miragem —
Que tu e eu, em beijos e carinhos,
Eu a Charneca, e tu o Sol, sozinhos,
Fôssemos um pedaço da paisagem!

E à noite, à hora doce da ansiedade,
Ouviria da boca do luar
O *De Profundis* triste da saudade...

E, à tua espera, enquanto o mundo dorme,
Ficaria, olhos quietos, a cismar...
Esfinge olhando, na planície enorme...

from *Livro de «Soror Saudade»*

Sphynx

I'm the daughter of the wild, windswept moor:
The gorse blinking open its golden lids,
along the trails between the rosemary,
is the passionate reflection of my soul.

And how I long—oh futile fantasy—
that I, the Moor, and you, the Sun,
might, alone, in kisses and embraces,
become part of this scenery!

And at night, in the sweet hour of yearning,
I would hear from the mouth of the moonlight,
the mournful *De Profundis* of longing...

And waiting for you, while the world slept on,
I'd sit, my eyes still, in contemplation...
A sphynx surveying the boundless plain...

Tarde demais...

Quando chegaste enfim, para te ver
Abriu-se a noite em mágico luar;
E pra o som de teus passos conhecer
Pôs-se o silêncio, em volta, a escutar...

Chegaste, enfim! Milagre de endoidar!
Viu-se nessa hora o que não pode ser:
Em plena noite, a noite iluminar
E as pedras do caminho florescer!

Beijando a areia d'oiro dos desertos
Procurara-te em vão! Braços abertos,
Pés nus, olhos a rir, a boca em flor!

E há cem anos que eu era nova e linda!...
E a minha boca morta grita ainda:
Porque chegaste tarde, ó meu Amor?!...

from *Livro de «Soror Saudade»*

Too late...

When at last you arrived, the night opened up
with magical moonlight so I could see it was you.
And so I'd know those footsteps were yours,
silence settled in and listened out...

At last, you're here! Miracle of going mad!
In that moment the impossible came true:
Midnight, the dark aglow,
and the stones of the path in bloom!

Kissing the golden desert sands,
I had sought you out in vain! Arms open,
feet bare, eyes smiling, lips in full flush!

I was young and pretty a century ago!...
But my dead mouth cries out still:
What kept you so long, my love?!...

Ódio?

À Aurora Aboim

Ódio por ele? Não... Se o amei tanto,
Se tanto bem lhe quis no meu passado,
Se o encontrei depois de o ter sonhado,
Se à vida assim roubei todo o encanto...

Que importa se mentiu? E se hoje o pranto
Turva o meu triste olhar, marmorizado,
Olhar de monja, trágico, gelado
Como um soturno e enorme Campo Santo!

Ah! Nunca mais amá-lo é já bastante!
Quero senti-lo doutra, bem distante,
Como se fora meu, calma e serena!

Ódio seria em mim saudade infinda,
Mágoa de o ter perdido, amor ainda.
Ódio por ele? Não... não vale a pena...

from *Livro de «Soror Saudade»*

Hatred?

For Aurora Aboim

Hate him? No... If I loved him so,
and I wished him well in years gone by,
and I found him after dreaming him up,
and if, with this, I robbed all charm from life...

What does it matter, if he lied? And if mourning now
darkens my sorrowful gaze, that marble
gaze of a nun, frozen, tragic,
like a vast, sullen cemetery...

Oh! No longer loving him is enough!
I want to feel him in another's arms, calmly, serenely,
far away, as though he were mine!

Hatred would be, for me, unending longing,
the sorrow of loss still a kind of love.
Hate him? No... it's not worth it...

Florbela Espanca

Renúncia

A minha mocidade outrora eu pus
No tranquilo convento da Tristeza;
Lá passa dias, noites, sempre presa,
Olhos fechados, magras mãos em cruz...

Lá fora, a Lua, Satanás, seduz!
Desdobra-se em requintes de Beleza...
É como um beijo ardente a Natureza...
A minha cela é como um rio de luz...

Fecha os teus olhos bem! Não vejas nada!
Empalidece mais! E, resignada,
Prende os teus braços a uma cruz maior!

Gela ainda a mortalha que te encerra!
Enche a boca de cinzas e de terra,
Ó minha mocidade toda em flor!

from *Livro de «Soror Saudade»*

Disavowal

Once I locked my youthfulness away
in the hushed convent of Sadness.
She was confined there, night after day,
eyes closed, her hands a bony cross...

Outside that devil the moon bewitches!
Waxing with unbridled beauty...
Nature is like a passionate kiss...
My cell is a torrent of moonlight...

Close your eyes tight! Don't dare peek!
Grow paler still! And, resigned,
nail your arms to a greater cross!

Freeze that mantle which enshrouds you!
Fill your mouth with ashes and earth,
oh, my youth in full bloom!

Horas rubras

Horas profundas, lentas e caladas,
Feitas de beijos sensuais e ardentes,
De noites de volúpia, noites quentes
Onde há risos de virgens desmaiadas...

Oiço as olaias rindo desgrenhadas...
Tombam astros em fogo, astros dementes,
E do luar os beijos languescentes
São pedaços de prata plas estradas...

Os meus lábios são brancos como lagos...
Os meus braços são leves como afagos,
Vestiu-os o luar de sedas puras...

Sou chama e neve branca e misteriosa...
E sou, talvez, na noite voluptuosa,
Ó meu Poeta, o beijo que procuras!

from *Livro de «Soror Saudade»*

Smouldering Hours

Long hours, wordless and slow,
composed of kisses, passionate, intense,
during balmy nights, nights of desire,
when virgins giggle and swoon...

I hear the dishevelled redbuds laugh...
Lunatic stars plummet ablaze,
as the dying kisses of the moonlight
cast pieces of silver down the lanes...

My lips are watery white...
My arms are light as caresses...
The moon has draped them in finest silk...

I am mysterious, aflame, and pale as snow...
And in this night of abandon, I am, perhaps,
my Poet, that very kiss you're looking for!

Florbela Espanca

Princesa Desalento

Minh'alma é a Princesa Desalento,
Como um Poeta lhe chamou, um dia.
É magoada e pálida e sombria,
Como soluços trágicos do vento!

É frágil como o sonho dum momento;
Soturna como preces de agonia,
Vive do riso duma boca fria:
Minh'alma é a Princesa Desalento...

Altas horas da noite ela vagueia...
E ao luar suavíssimo, que anseia,
Põe-se a falar de tanta coisa morta!

O luar ouve a minh'alma, ajoelhado,
E vai traçar, fantástico e gelado,
A sombra duma cruz à tua porta...

from *Livro de «Soror Saudade»*

Princess of Despair

My soul is a Princess of Despair,
or so a poet once said to me.
It's sorrowful, dark, and sallow,
like the tragic sobs of the wind!

It's delicate like a fleeting dream,
bleak like desperate prayers,
it lives off the smile on frigid lips:
My soul is a Princess of Despair.

It wanders about in the depths of night…
and in the gentle moonlight, yearns,
then starts to speak of long dead things!

The moonlight, kneeling, overhears my soul,
and, cool and mysterious, goes to cast
the shadow of a cross at your door…

Da minha janela

Mar alto! Ondas quebradas e vencidas
Num soluçar aflito e murmurado...
Voo de gaivotas, leve, imaculado,
Como neves nos píncaros nascidas!

Sol! Ave a tombar, asas já feridas,
Batendo ainda num arfar pausado...
Ó meu doce poente torturado
Rezo-te em mim, chorando, mãos erguidas!

Meu verso de Samain cheio de graça,
Inda não és clarão já és luar
Como um branco lilás que se desfaça!

Amor! Teu coração trago-o no peito...
Pulsa dentro de mim como este mar
Num beijo eterno, assim, nunca desfeito!...

from *Livro de «Soror Saudade»*

From My Window

High seas! Waves broken and defeated,
in a mumbled, desperate whimper...
Seagulls in swift and flawless flight,
like snowdrifts from the mountain tops!

Sun! A tumbling bird, with broken wings,
still beating with each laboured breath...
Oh, my sweet, tormented sunset,
I pray for you through tears, my hands held high!

My graceful Samainian verse,
you start to dawn, but turn straight to dusk,
like a pale lilac wilting!

My love! I carry your heart in my breast...
It throbs inside like the sea before me,
locked in a kiss that will never cease!...

Exaltação

Viver!... Beber o vento e o sol!... Erguer
Ao céu os corações a palpitar!
Deus fez os nossos braços pra prender,
E a boca fez-se sangue pra beijar!

A chama, sempre rubra, ao alto, a arder!...
Asas sempre perdidas a pairar,
Mais alto pra as estrelas desprender!
A glória!... A fama!... O orgulho de criar!...

Da vida tenho o mel e tenho os travos
No lago dos meus olhos de violetas,
Nos meus beijos extáticos, pagãos!...

Trago na boca o coração dos cravos!
Boémios, vagabundos, e poetas:
— Como eu sou vossa Irmã, ó meus Irmãos!...

from *Livro de «Soror Saudade»*

Exultation

To live!... To drink up the wind and the sun!...
To lift our throbbing hearts toward the heavens!
God gave us arms for embracing,
and lips redden for kisses!

The flame, glowing red, burns high above!
Wings ever searching, ever floating,
soaring up to free the stars!
Glory!... Fame!... The triumph of creation!...

Life's bittersweetness gathers
in the violet pools of my eyes,
in my rapturous, pagan kisses!...

The carnation's essence lingers on my lips!
Bohemians, vagabonds, and poets:
My brothers, I am your sister!...

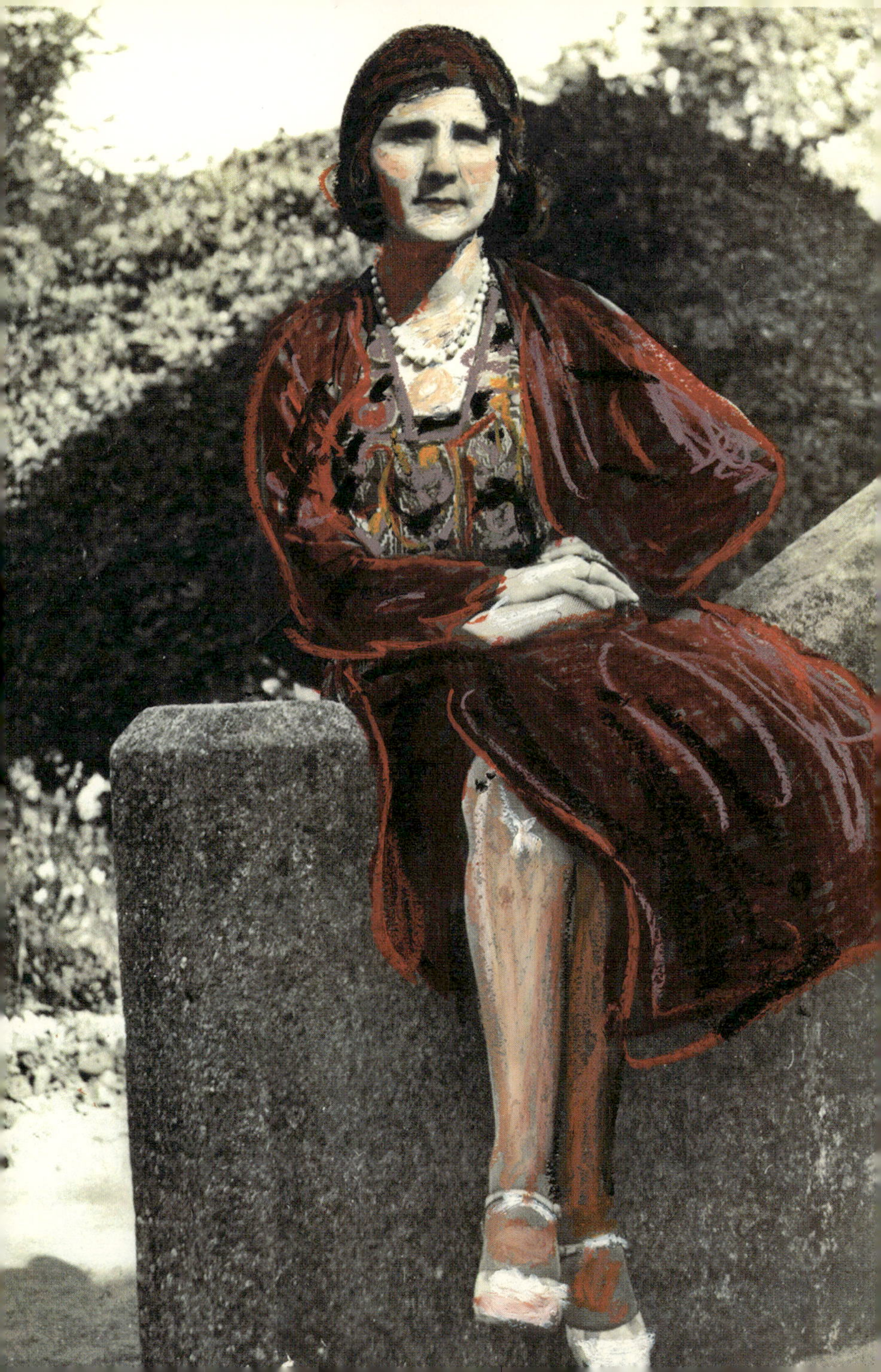

from *Charneca em Flor*

Florbela Espanca

Charneca em flor

Enche o meu peito, num encanto mago,
O frémito das coisas dolorosas...
Sob as urzes queimadas nascem rosas...
Nos meus olhos as lágrimas apago...

Anseio! Asas abertas! O que trago
Em mim? Eu oiço bocas silenciosas
Murmurar-me as palavras misteriosas
Que perturbam meu ser como um afago!

E, neste febre ansiosa que me invade,
Dispo a minha mortalha, o meu burel,
E já não sou, Amor, Soror Saudade...

Olhos a arder em êxtases de amor,
Boca a saber a sol, a fruto, a mel:
Sou a charneca rude a abrir em flor!

from *Charneca em Flor*

Moor in Bloom

My heart thrums, as if by magic,
with the hum of the sorrowful…
Roses grow over the scorched heather…
I blot out the tears from my eyes…

I yearn with outstretched wings! What is this
I have inside? I hear silent voices
whisper strange words
that unsettle my being like another's embrace!

And in this aching fever that invades me,
I take off my cloak, remove my habit,
and, my Love, I'm that Lady of Longing no more!

My eyes smoulder with rapturous desire,
my mouth tastes of sunshine, fruit, and honey:
I am the wild moor erupting in blooms!

Florbela Espanca

Versos de orgulho

O mundo quer-me mal porque ninguém
Tem asas como eu tenho! Porque Deus
Me fez nascer Princesa entre plebeus
Numa torre de orgulho e de desdém.

Porque o meu Reino fica para Além...
Porque trago no olhar os vastos céus
E os oiros e clarões são todos meus!
Porque eu sou Eu e Eu sou Alguém!

O mundo? O que é o mundo, ó meu Amor?
— O jardim dos meus versos todo em flor...
A seara dos teus beijos, pão bendito...

Meus êxtases, meus sonhos, meus cansaços...
— São os teus braços dentro dos meus braços,
Via Láctea fechando o Infinito!...

from *Charneca em Flor*

Proud Verses

The world curses me because no-one else
has wings like mine! Because God
made me a Princess among peasants
up in a tower of pride and contempt…

Because my kingdom lies beyond…
Because my gaze contains the vast heavens,
and the gold and the glimmer are all mine!
Because I am Me and I am Someone!

The world? What is the world, my Love?
—The garden of my verses all in bloom…
The pasture of your kisses, my sacrament…

My bliss, my dreams, my languor…
—Your arms in mine make
a Milky Way encircling the infinite!

Florbela Espanca

Passeio ao campo

Meu Amor! Meu Amante! Meu Amigo!
Colhe a hora que passa, hora divina,
Bebe-a dentro de mim, bebe-a comigo!
Sinto-me alegre e forte! Sou menina!

Eu tenho, Amor, a cinta esbelta e fina...
Pele doirada de alabastro antigo...
Frágeis mãos de madona florentina...
— Vamos correr e rir por entre o trigo! —

Há rendas de gramíneas pelos montes...
Papoilas rubras nos trigais maduros...
Água azulada a cintilar nas fontes...

E à volta, Amor... tornemos, nas alfombras
Dos caminhos selvagens e escuros,
Num astro só as nossas duas sombras!...

from *Charneca em Flor*

A Walk in the Countryside

My Love! My Lover! My Friend!
Reap the passing hour, the sacred moment,
drink it up from inside me, drink it up with me!
I feel fortified, young, and gay!

My Love, I have a slender waist...
Gleaming skin of ancient alabaster...
The delicate hands of a Florentine Madonna...
Let's run and have fun amid the corn!

The hills are covered with a weave of grasses...
Scarlet poppies among the tall wheat...
Clear blue water sparkles at a spring...

And on the way back, my Love...
in the thick grasses of wild, unbeaten tracks,
let our two shadows become a single star!...

Florbela Espanca

Se tu viesses ver-me...

Se tu viesses ver-me hoje à tardinha,
A essa hora dos mágicos cansaços,
Quando a noite de manso se avizinha,
E me prendesses toda nos teus braços...

Quando me lembra: esse sabor que tinha
A tua boca... o eco dos teus passos...
O teu riso de fonte... os teus abraços...
Os teus beijos... a tua mão na minha...

Se tu viesses quando, linda e louca,
Traça as linhas dulcíssimas dum beijo
E é de seda vermelha e canta e ri

E é como um cravo ao sol a minha boca...
Quando os olhos se me cerram de desejo...
E os meus braços se estendem para ti...

from *Charneca em Flor*

If you came to see me...

If you came to see me this afternoon,
in that drowsy, dreamlike hour,
when the evening creeps in softly,
and took me in your arms...

When the taste of your mouth comes
back to me... with the sound of your footsteps...
your spurts of laughter... your embrace...
your kisses... your hand in mine...

If you came when, pretty and delirious,
the afternoon traces the sweet outline of a kiss
and laughs and sings and becomes crimson silk,

when my lips are like a sun-kissed carnation...
when my eyelids droop with desire...
and my arms reach out toward you...

Florbela Espanca

O meu condão

Quis Deus dar-me o condão de ser sensível
Como o diamante à luz que o alumia,
Dar-me uma alma fantástica, impossível:
— Um bailado de cor e fantasia!

Quis Deus fazer de ti a ambrosia
Desta paixão estranha, ardente, incrível!
Erguer em mim o facho inextinguível,
Como um cinzel vincando uma agonia!

Quis Deus fazer-me tua... para nada!
— Vãos, os meus braços de crucificada,
Inúteis, esses beijos que te dei!

Anda! Caminha! Aonde?... Mas por onde?...
Se a um gesto dos teus a sombra esconde
O caminho de estrelas que tracei...

from *Charneca em Flor*

My Power

God gave me the power to feel
like a diamond that glints in the sunlight,
he made my soul marvellous, unthinkable:
a ballet of colour and fantasies!

God made you the nectar
of this strange, unimaginable passion!
He built in me an eternal beacon,
like a chisel carving out pain!

God made me yours... for nothing!
These martyr's arms are worthless,
the kisses I gave you a waste!

Go! Press on!... but where to?... which way?...
When, with your slightest movement, the dark
obscures the route I mapped through the stars...

Florbela Espanca

Noitinha

A noite sobre nós se debruçou...
Minha alma ajoelha, põe as mãos e ora!
O luar, pelas colinas, nesta hora,
É água dum gomil que se entornou...

Não sei quem tanta pérola espalhou!
Murmura alguém pelas quebradas fora...
Flores do campo, humildes, mesmo agora,
A noite, os olhos brandos, lhes fechou...

Fumo beijando o colmo dos casais...
Serenidade idílica de fontes,
E a voz dos rouxinóis nos salgueirais...

Tranquilidade... calma... anoitecer...
Num êxtase, eu escuto pelos montes
O coração das pedras a bater...

from *Charneca em Flor*

Sweet Evening

The night leans in above us...
My soul kneels down, rests its hands, and prays!
At this hour, the moonlight over the hills
is like water spilled from a jug...

I know not who scattered so many pearls!
Someone whispers on the hillside beyond...
Just now, the night closed the gentle lids
of the humble wildflowers...

Smoke kisses the cottage's thatch...
The idyllic calm of the springs,
and the nightingale's call from the willows...

Serenity... hush... dusk...
Then, transported, I hear through the hills
the pounding heartbeat of the rocks...

Lembrança

Fui Essa que nas ruas esmolou
E fui a que habitou Paços Reais;
No mármore de curvas ogivais
Fui Essa que as mãos pálidas poisou...

Tanto poeta em versos me cantou!
Fiei o linho à porta dos casais...
Fui descobrir a Índia e nunca mais
Voltei! Fui essa nau que não voltou...

Tenho o perfil moreno, lusitano,
E olhos verdes, cor do verde Oceano,
Sereia que nasceu de navegantes...

Tudo em cinzentas brumas se dilui...
Ah! quem me dera ser Essas que eu fui,
As que me lembro de ter sido... dantes!...

from *Charneca em Flor*

Memory

I was She who begged in the streets
and I was She who lived in royal palaces,
I was She who laid her pale hands
on the marble of Gothic arches...

So many poets wrote lines about me!
I spun thread by little cottage doors...
I went to discover India and never returned!
I was that boat that never came back...

I have that dark, Lusitanian look
and green eyes, the colour of oceans,
I'm a siren born of sailors...

Everything dissolves into ashy clouds...
Oh! If only I could be those things I once was,
those things I remember being once before!

Florbela Espanca

Mendiga

Na vida nada tenho e nada sou;
Eu ando a mendigar pelas estradas...
No silêncio das noites estreladas
Caminho, sem saber para onde vou!

Tinha o manto do sol... quem mo roubou?!
Quem pisou minhas rosas desfolhadas?!
Quem foi que sobre as ondas revoltadas
A minha taça de ouro espedaçou?!

Agora vou andando e mendigando,
Sem que um olhar dos mundos infinitos
Veja passar o verme, rastejando...

Ah, quem me dera ser como os chacais
Uivando os brados, rouquejando os gritos
Na solidão dos ermos matagais!...

from *Charneca em Flor*

Beggarwoman

I have nothing, am nothing in this life;
I go begging down the country lanes…
I wander through the quiet of the starlit nights,
without knowing where I am headed!

I used to have a cloak of sunlight… who stole it?!
Who trampled my moulting roses?!
Who was it who smashed apart
my golden chalice on the choppy waves?

Now all I do is wander and beg,
and infinite worlds spare not even a glance
for the worm that crawls by…

Ah! If I were only like the jackals,
howling out cries, bellowing out roars,
in the solitude of the barren scrub!

Florbela Espanca

Supremo enleio

Quanta mulher no teu passado, quanta!
Tanta sombra em redor! Mas que me importa?
Se delas veio o sonho que conforta,
A sua vinda foi três vezes santa!

Erva do chão que a mão de Deus levanta,
Folhas murchas de rojo à tua porta...
Quando eu for uma pobre coisa morta,
Quanta mulher ainda! Quanta! Quanta!

Mas eu sou a manhã: apago estrelas!
Hás-de ver-me, beijar-me em todas elas,
Mesmo na boca da que for mais linda!

E quando a derradeira, enfim, vier,
Nesse corpo vibrante de mulher
Será o meu que hás-de encontrar ainda...

from *Charneca em Flor*

Supreme Rapture

How many women lurk in your past?
How many shadows do they cast? What's it to me,
if they bring that comforting dream,
their descent like a welcome blessing?

Weeds that the hand of God sends up,
dead leaves creeping to your door…
When I'll be a little lifeless thing,
how many women? How many more? How many more?

But I'm the morning: I extinguish stars!
You'll feel me, kiss me when you're kissing them,
even on the lips of the prettiest one!

And when, at last, it's the last one's turn,
you'll find me there once again
in the electric body of that woman…

Ser Poeta

Ser Poeta é ser mais alto, é ser maior
Do que os homens! Morder como quem beija!
É ser mendigo e dar como quem seja
Rei do Reino de Aquém e de Além Dor!

É ter de mil desejos o esplendor
E não saber sequer que se deseja!
É ter cá dentro um astro que flameja,
É ter garras e asas de condor!

É ter fome, é ter sede de Infinito!
Por elmo, as manhãs de oiro e de cetim...
É condensar o mundo num só grito!

E é amar-te, assim, perdidamente...
É seres alma e sangue e vida em mim
E dizê-lo cantando a toda a gente!

from *Charneca em Flor*

To Be a Poet

To be a poet is to be more, to be greater
than men! To bite like someone kissing!
It's being a pauper but with the largess
of the King of the Land of All Sorrows!

It's having the brilliance of a thousand desires
and not even know what you desire!
It's having a blazing star inside,
it's having the talons and wings of a condor!

It's being hungry, thirsty for the Infinite!
The satin gold of morning as your helmet…
It's capturing the whole world in a single cry!

And it's loving you madly like this…
It's you becoming life, and soul, and blood inside me,
and my telling the world about it in song!

Mocidade

A mocidade esplêndida, vibrante,
Ardente, extraordinária, audaciosa,
Que vê num cardo a folha de uma rosa,
Na gota de água o brilho dum diamante;

Essa que fez de mim Judeu Errante
Do espírito, a torrente caudalosa,
Dos vendavais irmã tempestuosa,
— Trago-a em mim vermelha, triunfante!

No meu sangue rubis correm dispersos:
— Chamas subindo ao alto nos meus versos,
Papoilas nos meus lábios a florir!

Ama-me doida, estonteadamente,
Ó meu Amor! que o coração da gente
É tão pequeno... e a vida, água a fugir...

from *Charneca em Flor*

Youth

Magnificent, thrilling youth,
passionate, extraordinary, brave,
that sees a rose petal in a thistle,
the sparkle of a diamond in a droplet;

Youth that made a Wandering Jew
of my soul, an overwhelming torment,
the stormy sister of gale-force winds:
I carry it within me, scarlet and triumphant!

Rubies flow scattered in my blood:
flames rising up in my verses,
poppies blooming on my lips!

Love me madly, deliriously,
my Love! For our little hearts
are so small… and life, water dripping away…

Florbela Espanca

Amar!

Eu quero amar, amar perdidamente!
Amar só por amar: Aqui... além...
Mais Este e Aquele, o Outro e toda a gente...
Amar! Amar! E não amar ninguém!

Recordar? Esquecer? Indiferente!...
Prender ou desprender? É mal? É bem?
Quem disser que se pode amar alguém
Durante a vida inteira é porque mente!

Há uma Primavera em cada vida:
É preciso cantá-la assim florida,
Pois se Deus nos deu voz, foi pra cantar!

E se um dia hei-de ser pó, cinza e nada
Que seja a minha noite uma alvorada,
Que me saiba perder... pra me encontrar...

from *Charneca em Flor*

To Love!

I want to love, love wildly!
Love for the sake of loving: here… there…
This, That, The Other, and everyone…
Love! Love! And not love anyone!

Remember? Forget? Who cares!?
Hold on or let go? Is it good or is it bad?
Whoever said you can love someone
your whole life through was lying!

Every life has its own Spring;
You must sing it while it's still in blossom,
for if God gave you a voice it was to sing!

And if one day I'll be dust and ash and nothing,
let my night turn to day,
let me get lost… so I can find myself again…

Nostalgia

Nesse País de lenda, que me encanta,
Ficaram meus brocados, que despi,
E as jóias que plas aias reparti
Como outras rosas de Rainha Santa!

Tanta opala que eu tinha! Tanta, tanta!
Foi por lá que as semeei e que as perdi...
Mostrem-me esse País onde eu nasci!
Mostrem-me o Reino de que eu sou Infanta!

Ó meu País de sonho e de ansiedade,
Não sei se esta quimera que me assombra,
É feita de mentira ou de verdade!

Quero voltar! Não por onde vim...
Ah! Não ser mais que a sombra duma sombra
Por entre tanta sombra igual a mim!

from *Charneca em Flor*

Nostalgia

In that fabled land that enchants me,
I left behind those brocades I took off
and I shared out the jewels among my ladies-in-waiting
like Saint Elizabeth's roses!

How many opals I had! How so very many!
I spread them there, I lost them there…
Show me that Land where I was born!
Show me that Kingdom where I'm a Princess!

Oh, my Country of dreams and longing,
I don't know whether this haunting illusion
is made of truth or lies!

I want to go back! I don't know how I got here…
Ah! To be a shadow's shadow
among so many shadows just like me!

Florbela Espanca

Ambiciosa

Para aqueles fantasmas que passaram,
Vagabundos a quem jurei amar,
Nunca os meus braços lânguidos traçaram
O voo dum gesto para os alcançar...

Se as minhas mãos em garra se cravaram
Sobre um amor em sangue a palpitar...
— Quantas panteras bárbaras mataram
Só pelo raro gosto de matar!

Minha alma é como a pedra funerária
Erguida na montanha solitária
Interrogando a vibração dos céus!

O amor dum homem? — Terra tão pisada!
Gota de chuva ao vento baloiçada...
Um homen? — Quando eu sonho o amor de um deus!...

from *Charneca em Flor*

What I Crave

Toward those wandering ghosts,
to whom I pledged my love,
I never lifted these languid arms
to reach out and touch them...

If I managed to get my clutches
on a love that was still pumping blood...
—How many untameable panthers killed
just for the exquisite pleasure of slaughter!

My soul is like a tombstone,
erected on a lonely mountaintop
investigating the movement of the heavens!

The love of a man?—Such a well-trodden path,
A raindrop blown sideways in the wind...
A man?... when I crave the love of a god!...

Florbela Espanca

Crucificada

Amiga... noiva... irmã... o que quiseres!
Por ti, todos os céus terão estrelas,
Por teu amor, mendiga, hei-de merecê-las
Ao beijar a esmola que me deres.

Podes amar até outras mulheres!
— Hei-de compor, sonhar palavras belas,
Lindos versos de dor só para elas,
Para em lânguidas noites lhes dizeres!

Crucificada em mim, sobre os meus braços,
Hei-de poisar a boca nos teus passos
Pra não serem pisados por ninguém.

E depois... Ah! depois de dores tamanhas
Nascerás outra vez de outras entranhas,
Nascerás outra vez de uma outra Mãe!

from *Charneca em Flor*

Crucified

Friend… fiancée… sister… whatever you want!
Because of you, all the heavens have their stars,
because of your love, I'll deserve them too, beggar that I am,
kissing the alms that you give me.

You can even love other women!
I'll dream up beautiful words, write
graceful, sorrowful lines just for them,
that you'll recite during languid nights!

Crucified on myself, my arms my cross,
I shall put my lips to your footprints
so no-one will ever tread over them.

And then… Ah! After such suffering,
you'll be born again in another's womb,
you'll be born again of another Mother!

Espera...

Não me digas adeus, ó sombra amiga,
Abranda mais o ritmo dos teus passos;
Sente o perfume da paixão antiga,
Dos nossos bons e cândidos abraços!

Sou a dona dos místicos cansaços,
A fantástica e estranha rapariga
Que um dia ficou presa nos teus braços...
Não vás ainda embora, ó sombra amiga!

Teu amor fez de mim um lago triste:
Quantas ondas a rir que não lhe ouviste,
Quanta canção de ondinas lá no fundo!

Espera... espera... ó minha sombra amada...
Vê que para além de mim já não há nada
E nunca mais me encontras neste mundo!...

from *Charneca em Flor*

Wait…

Don't bid me farewell, my dearest shadow,
slow the rhythm of your footsteps,
savour the scent of our former passion,
of our sincere and honest embraces!

I'm the mistress of mystical langours,
that strange and peculiar girl
who one day found herself trapped in your arms…
Don't go yet, my dearest shadow!

Your love made me into a lake of sadness:
How many waves of laughter you never heard,
how many nymph's songs beneath the surface!

Wait… wait… oh my dearest shadow…
Can't you see there's nothing beyond me
and you'll never find me again!

Florbela Espanca

Interrogação

Neste tormento inútil, neste empenho
De tornar em silêncio o que em mim canta,
Sobem-me roucos brados à garganta
Num clamor de loucura que contenho.

Ó alma da charneca sacrossanta,
Irmã da alma rútila que eu tenho,
Dize para onde eu vou, donde é que venho
Nesta dor que me exalta e me alevanta!

Visões de mundos novos, de infinitos,
Cadências de soluços e de gritos,
Fogueira a esbrasear que me consome!

Dize que mão é esta que me arrasta?
Nódoa de sangue que palpita e alastra...
Dize de que é que eu tenho sede e fóme?!

from *Charneca em Flor*

Questions

In this useless torment, in this bid
to gag the voice that sings inside,
rasping cries rise up in my throat
in a clamour of madness that I stifle.

Oh, spirit of the sacred moor,
twin of my sparkling soul,
tell me where I'm headed and whence I came
in this sorrow that lifts me up in glory!

Visions of new worlds, of new expanses,
the pulsing of shouts and sobs,
a blazing bonfire that devours me!

Whose hand is this dragging me away?
A bloodstain that throbs and spreads…
What is this I'm so hungry and thirsty for?!

Volúpia

No divino impudor da mocidade,
Nesse êxtase pagão que vence a sorte,
Num frémito vibrante de ansiedade,
Dou-te o meu corpo prometido à morte!

A sombra entre a mentira e a verdade...
A nuvem que arrastou o vento norte...
— Meu corpo! Trago nele um vinho forte:
Meus beijos de volúpia e de maldade!

Trago dálias vermelhas no regaço...
São os dedos do sol quando te abraço,
Cravados no teu peito como lanças!

E do meu corpo os leves arabescos
Vão-te envolvendo em círculos dantescos
Felinamente, em voluptuosas danças...

from *Charneca em Flor*

Wanton Passion

In that sacred shamelessness of youth,
in that pagan rapture that vanquishes fate,
in a riotous throb of desire,
I give you my body, pledged to death!

The penumbra between truth and lies...
The cloud swept along by the North Wind...
My body, a cask of fortified wine:
my wickedly wanton kisses!

I gather scarlet dahlias in my lap...
When I embrace you the sun's fingers
dig into your chest like spears!

And the floating arabesques of my body
encircle you in Dantean spirals,
in sinuous, voluptuous dances...

Filtro

Meu Amor, não é nada: — Sons marinhos
Numa concha vazia, choro errante...
Ah! olhos que não choram! Pobrezinhos...
Não há luz neste mundo que os levante!

Eu andarei por ti os maus caminhos
E as minhas mãos, abertas a diamante,
Hão-de crucificar-se nos espinhos
Quando o meu peito for o teu mirante!

Para que os corpos vis te não desejem,
Hei-de dar-te o meu corpo, e a boca minha
Pra que bocas impuras te não beijem!

Como quem roça um lago que sonhou,
Minhas cansadas asas de andorinha
Hão-de prender-te todo num só voo...

from *Charneca em Flor*

Love Potion

My Love, it's nothing: the sound of waves
in an empty shell, stray sobs...
Oh, eyes that won't cry! Wretched...
there's not a light in this world that can lift them!

For you I'll walk these treacherous paths
and my hands, cut open with diamonds,
will crucify themselves on thorns
while my chest becomes your lookout post!

So that unworthy bodies won't lust for you,
I'll give you my body and I'll give you my lips,
so that no tainted kisses touch your lips!

Like someone reaching the lake they've dreamed of,
my weary swallow's wings,
shall swoop over you in a single flight!

Mais alto

Mais alto, sim! Mais alto, mais além
Do sonho, onde morar a dor da vida,
Até sair de mim! Ser a Perdida,
A que se não encontra! Aquela a quem

O mundo não conhece por Alguém!
Ser orgulho, ser águia na subida,
Até chegar a ser, entontecida,
Aquela que sonhou o meu desdém!

Mais alto, sim! Mais alto! A Intangível!
Turris Eburnea erguida nos espaços,
À rutilante luz dum impossível!

Mais alto, sim! Mais alto! Onde couber
O mal da vida dentro dos meus braços,
Dos meus divinos braços de Mulher!

from *Charneca em Flor*

Higher

Higher, yes, higher, further,
beyond dreams, where life's sorrows reside,
beyond even myself! To become the lost one,
who'll never find herself! She who

the world doesn't think is Someone!
To become pride itself, soaring like an eagle
until I become, deliriously,
she who dreamt up my scorn!

Higher, yes, higher! The unreachable
turris eburnea built in the heavens
in the dazzling light of the impossible!

Higher, yes, higher! Up where I can carry
all life's ills in my arms,
in these holy lady's arms!

Florbela Espanca

A voz da tília

Diz-me a tília a cantar: «Eu sou sincera,
Eu sou isto que vês: o sonho, a graça...
Deu ao meu corpo, o vento, quando passa,
Este ar escultural de bayadera...

E de manhã o sol é uma cratera,
Uma serpente de oiro que me enlaça...
Trago nas mãos as mãos da Primavera...
E é para mim que em noites de desgraça

Toca o vento Mozart, triste e solene,
E à minha alma vibrante, posta a nu,
Diz a chuva sonetos de Verlaine...»

E, ao ver-me triste, a tília murmurou:
«Já fui um dia poeta como tu...
Ainda hás-de ser tília como eu sou...»

from *Charneca em Flor*

The Voice of the Linden

The linden tree sings to me: 'I'm honest,
I'm just as you see me: the reverie, the poise;
the wind as it passes lends my body
an Indian dancer's sculptural grace...

And at dawn the sun is a crater,
a golden snake winding round me...
I clasp the hands of springtime...
And it's for me, on unfortunate nights

that the wind plays Mozart, sad and solemn,
and it's for my vibrant, naked soul,
that the rain reads aloud sonnets by Verlaine...'

And seeing my sad expression, the linden whispered:
'I've been a poet just like you,
you've yet to be a linden like me...'

Florbela Espanca

Não ser

Quem me dera voltar à inocência
Das coisas brutas, sãs, inanimadas,
Despir o vão orgulho, a incoerência:
— Mantos rotos de estátuas mutiladas!

Ah! Arrancar às carnes laceradas
Seu mísero segredo de consciência!
Ah! Pode ser apenas florescência
De astros em puras noites deslumbradas!

Ser nostálgico choupo ao entardecer,
De ramos graves, plácidos, absortos
Na mágica tarefa de viver!

Ser haste, seiva, ramaria inquieta,
Erguer ao sol o coração dos mortos
Na urna de oiro duma flor aberta!...

from *Charneca em Flor*

Not Being

If only I could go back to the innocence
of lifeless, safe, unrefined things,
and shed this hollow pride, this mess:
ragged mantles over broken statues!

Oh, to tear from this savaged flesh
the secret misery of consciousness!
Oh, to be able just to glow
like stars on clear and cloudless nights!

To be a wistful poplar at dusk,
branches heavy, but calm, engrossed
in the magical task of living!

To be trunk, and sap, and restless bough,
lifting up to the sun the hearts of the deceased
in the golden urn of a flower in bloom!

Florbela Espanca

?

Quem fez ao sapo o leito carmesim
De rosas desfolhadas à noitinha?
E quem vestiu de monja a andorinha,
E perfumou as sombras do jardim?

Quem cinzelou estrelas no jasmim?
Quem deu esses cabelos de rainha
Ao girassol? Quem fez o mar? E a minha
Alma a sangrar? Quem me criou a mim?

Quem fez os homens e deu vida aos lobos?
Santa Teresa em místicos arroubos?
Os monstros? E os profetas? E o luar?

Quem nos deu asas para andar de rastros?
Quem nos deu olhos para ver os astros
— Sem nos dar braços para os alcançar?

from *Charneca em Flor*

?

Who made the toad's crimson bed
with rose petals plucked in the evening?
And who dressed the swallow in nun's attire
and perfumed the garden's shade?

Who carved stars into the jasmine?
Who gave the sunflower the locks
of a queen? Who made the sea? And my
bleeding heart? Who was it who made me?

Who made men and gave life to the wolves?
Who made Saint Teresa and her mystical raptures?
And monsters? And prophets? And moonlight?

Who gave us wings to leave us grounded?
Who gave us eyes to see the stars,
but not arms long enough to reach them?

In memoriam

Ao meu morto querido

Na cidade de Assis, «Il Poverello»
Santo, três vezes santo, andou pregando
Que o sol, a terra, a flor, o rocio brando,
Da pobreza o tristíssimo flagelo,

Tudo quando há de vil, quanto há de belo,
Tudo era nosso irmão! — E assim sonhando,
Pelas estradas da Umbria foi forjando
Da cadeia do amor o maior elo!

«Olha o nosso irmão Sol, nossa irmã Água...»
Ah, Poverello! Em mim, essa lição
Perdeu-se como vela em mar de mágoa

Batida por furiosos vendavais!
— Eu fui na vida a irmã de um só Irmão,
E já não sou a irmã de ninguém mais!

from *Charneca em Flor*

In memoriam

To my dear deceased brother

In the city of Assisi, the saint, 'il poverello',
saintlier than saintly, would preach
that the sun, the earth, the flowers, and the gentle dew,
the tragic scourge of poverty,

all that's wicked, and all that's beautiful
were our brothers! And with these ideas,
through the streets of Umbria he forged
the strangest link in the chain of love!

'Behold our brother, the sun, our sister, the water…'
Oh, Poverello! This lesson was lost on me
like a boat in a sea of sorrows

battered by furious hurricanes!
In this life I could be sister to only one brother,
and now I'm not a sister to anyone!

Árvores do Alentejo

Ao Prof. Guido Battelli

Horas mortas... Curvada aos pés do Monte
A planície é um brasido... e, torturadas,
As árvores sangrentas, revoltadas,
Gritam a Deus a bênção duma fonte!

E quando, manhã alta, o sol posponte
A oiro a giesta, a arder, pelas estradas,
Esfíngicas, recortam desgrenhadas
Os trágicos perfis no horizonte!

Árvores! Corações, almas que choram,
Almas iguais à minha, almas que imploram
Em vão remédio para tanta mágoa!

Árvores! Não choreis! Olhai e vede:
— Também ando a gritar, morta de sede,
Pedindo a Deus a minha gota de água!

from *Charneca em Flor*

Trees of the Alentejo

To Prof. Guido Battelli

In the dead hours, kneeling by the foot of O Monte,
the plain is a furnace... and in protest
the tormented, bleeding trees
cry out to God for the blessing of a spring!

And when, at high noon, the sun embroiders
the burning broom with gold, along the lanes,
the trees, sphynx-like and dishevelled,
stencil their tragic silhouettes on the horizon!

Trees! Hearts, souls that weep,
souls just like mine, souls that plead
in vain for a remedy for such sorrow!

Trees, don't weep! Look and see:
I'm also crying out in thirst,
asking God for my drop of water!

Sou eu!

A Laura Chaves

Pelos campos em fora, pelos combros,
Pelos montes que embalam a manhã,
Largo os meus rubros sonhos de pagã,
Enquanto as aves poisam nos meus ombros...

Em vão me sepultaram entre escombros
De catedrais de uma escultura vã!
Olha-me o loiro sol tonto de assombros,
E as nuvens, a chorar, chamam-me irmã!

Ecos longínquos de ondas... de universos...
Ecos de um mundo... de um distante Além,
De onde eu trouxe a magia dos meus versos!

Sou eu! Sou eu! A que nas mãos ansiosas
Prendeu da vida, assim como ninguém,
Os maus espinhos sem tocar nas rosas!

from *Charneca em Flor*

It's me!

For Laura Chaves

Over the fields, over the knolls,
over the hills that embrace the morning,
I strew my smouldering pagan fantasies,
while birds come to perch on my shoulders...

In vain they buried me among the ruins
of cathedrals built from hollow stones!
The golden sun, dumbstruck, looks on,
and the sobbing clouds call me sister!

Distant rumbles of waves... of universes...
Rumbles of a world... a far-off beyond,
from where I brought the magic for my verses!

It's me! It's me! She, who with eager,
exceptional hands plucked from life
the sharpest thorns and none of the roses!

Panteísmo

Ao Boto de Carvalho

Tarde de brasa a arder, sol de Verão
Cingindo, voluptuoso, o horizonte...
Sinto-me luz e cor, ritmo e clarão
De um verso triunfal de Anacreonte!

Vejo-me asa no ar, erva no chão,
Oiço-me gota de água a rir, na fonte,
E a curva altiva e dura do Marão
É o meu corpo transformado em monte!

E de bruços na terra penso e cismo
Que, neste meu ardente panteísmo,
Nos meus sentidos postos, absortos

Nas coisas luminosas deste mundo,
A minha alma é o túmulo profundo
Onde dormem, sorrindo, os deuses mortos!

from *Charneca em Flor*

Pantheism

For Boto de Carvalho

Red-hot afternoon, the summer sun
seductively enveloping the horizon...
I am the light and colour, the rhythm and brightness
of a jubilant line by Anacreon!

I see myself in a wing in flight, in low grasses,
I hear myself in the giggling water of the spring,
and the towering, rocky Serra do Marão
is my body in mountainous form!

Eyes to the ground, I think and wonder
that, in my avid pantheism,
with my senses enthralled, attuned

to the dazzling things of this world,
my soul is the cavernous tomb
where smiling gods are lain to rest!

Pobre de Cristo

A José Emídio Amaro

Ó minha terra na planície rasa,
Branca de sol e cal e de luar,
Minha terra que nunca viste o mar,
Onde tenho o meu pão e a minha casa.

Minha terra de tardes sem uma asa,
Sem um bater de folha... a dormitar...
Meu anel de rubis a flamejar,
Minha terra moirisca a arder em brasa!

Minha terra onde meu irmão nasceu
Aonde a mãe que eu tive e que morreu
Foi moça e loira, amou e foi amada!

Truz... truz... truz... — Eu não tenho onde me acoite,
Sou um pobre de longe, é quase noite,
Terra, quero dormir, dá-me pousada!...

from *Charneca em Flor*

Penury

For José Emídio Amaro

Oh, my homeland on the flat plain,
bleached white with sun, and lime, and moonlight,
my homeland that's never seen the sea,
where I have my hearth and home.

My homeland of birdless afternoons,
where not a rustling leaf disturbs its sleep…
My ruby ring flickering,
my Moorish homeland, a blazing furnace!

My homeland where my brother was born,
where the mother that I had and then lost
was young and blond, loved and was loved!

Thud… thud… thud… I have no place to shelter,
I'm a distant beggar, it's almost dark,
Homeland, I want to sleep, give me a place to rest!

A uma rapariga

À Nice

Abre os olhos e encara a vida! A sina
Tem que cumprir-se! Alarga os horizontes!
Por sobre lamaçais alteia pontes
Com tuas mãos preciosas de menina.

Nessa estrada da vida que fascina
Caminha sempre em frente, além dos montes!
Morde os frutos a rir! Bebe nas fontes!
Beija aqueles que a sorte te destina!

Trata por tu a mais longínqua estrela,
Escava com as mãos a própria cova
E depois, a sorrir, deita-te nela!

Que as mãos da terra façam, com amor,
Da graça do teu corpo, esguia e nova,
Surgir à luz a haste duma flor!...

from *Charneca em Flor*

To a Girl

To Nice

Open your eyes and face life! Fate
must have its way! Broaden your horizons!
Build bridges over the quagmire
with your precious maiden's hands.

On this wonderous road of life
keep on straight ahead beyond the hills!
Smile as you bite into the fruit! Drink from the springs!
Kiss those men whom fate has chosen for you!

Be familiar with the furthest star,
dig with your own hands your grave
and laughing lay yourself down in it!

Lovingly, the hands of the earth,
with the grace of your slender, youthful body,
make the shoot of a flower grow up into the light!

It's a not loving anything else that's a great love.

He hum não querer mais que bem querer.

CAMÕES

II

Meu amor, meu Amado, vê... repara:
Pousa os teus lindos olhos de oiro em mim,
— Dos meus beijos de amor Deus fez-me avara
Para nunca os contares até ao fim.

Meus olhos têm tons de pedra rara
— É só para teu bem que os tenho assim —
E as minhas mãos são fontes de água clara
A cantar sobre a sede dum jardim.

Sou triste como a folha ao abandono
Num parque solitário, pelo Outono,
Sobre um lago onde vogam nenúfares...

Deus fez-me atravessar o teu caminho...
— Que contas dás a Deus indo sozinho,
Passando junto a mim, sem me encontrares? —

from *Charneca em Flor*

II

MY LOVE, MY LOVER, LOOK... SEE HERE:
let your lovely, golden eyes rest on me,
God made me tight-fisted with my kisses,
so you won't add them up until the end.

My eyes are the hue of precious stones
—and this is for your benefit alone—
and my hands are springs of crystal water
singing songs about a garden's thirst.

I'm glum like a leaf abandoned
all autumn long in a lonely park
on a pond where water lilies drift by...

God made me cross your path...
What reason can you give Him
for passing right by me, but passing me by?

III

Frémito do meu corpo a procurar-te,
Febre das minhas mãos na tua pele
Que cheira a âmbar, a baunilha e a mel,
Doido anseio dos meus braços a abraçar-te,

Olhos buscando os teus por toda a parte,
Sede de beijos, amargor de fel,
Estonteante fome, áspera e cruel,
Que nada existe que a mitigue e a farte!

E vejo-te tão longe! Sinto a tua alma
Junto da minha, uma lagoa calma,
A dizer-me, a cantar que me não amas...

E o meu coração que tu não sentes,
Vai boiando ao acaso das correntes,
Esquife negro sobre um mar de chamas...

from *Charneca em Flor*

III

THE QUIVER OF MY BODY SEEKING YOURS,
the fever of my hands on your skin,
which smells of amber, vanilla, and honey,
the mad desire of my arms when they embrace you,

my eyes seeking out yours far and wide,
the thirst for kisses, the acrid taste of bile,
incredible hunger, sharp and cruel,
that nothing on earth can quench or quell!

You're so far way! I feel your soul
close to mine, a calm lagoon,
saying, singing that you don't love me...

And my heart that you can't feel,
drifts at the whim of the currents,
a dark skiff on a sea of flames...

IV

És tu! És tu! Sempre vieste, enfim!
Oiço de novo o riso dos teus passos!
És tu que eu vejo a estender-me os braços
Que Deus criou pra me abraçar a mim!

Tudo é divino e santo visto assim...
Foram-se os desalentos, os cansaços...
O mundo não é mundo: é um jardim!
Um céu aberto: longes, os espaços!

Prende-me toda, Amor, prende-me bem!
Que vês tu em redor? Não há ninguém!
A Terra? — Um astro morto que flutua...

Tudo o que é chama a arder, tudo o que sente,
Tudo o que é vida e vibra eternamente
É tu seres meu, Amor, e eu ser tua!

from *Charneca em Flor*

IV

It's you! It's you! You really came, at last!
I hear once more the glee of your footsteps!
It's you I see reach out your arms toward me,
arms God made just for embracing me!

Everything looks holy and heavenly now...
Gone are the gloom and the languor...
The Earth is not earth: it's a garden!
An open sky: the heavens are wide!

Take me all, my love, take me completely!
What do you see? There's no-one there!
The Earth? A dead star drifting...

All that's aflame, all that can be felt,
all that's alive and fills the air forever
is there in your being mine and my being yours!

VI

Falo de ti às pedras das estradas,
E ao sol que é loiro como o teu olhar,
Falo ao rio, que desdobra a faiscar,
Vestidos de Princesas e de Fadas;

Falo às gaivotas de asas desdobradas,
Lembrando lenços brancos a acenar,
E aos mastros que apunhalam o luar
Na solidão das noites consteladas;

Digo os anseios, os sonhos, os desejos
De onde a tua alma, tonta de vitória,
Levanta ao céu a torre dos meus beijos!

E os meus gritos de amor, cruzando o espaço,
Sobre os brocados fúlgidos da glória,
São astros que me tombam do regaço!

from *Charneca em Flor*

VI

I TALK ABOUT YOU TO THE KERBSTONES,
and with the sun, golden like your gaze,
I talk to the river, that sparkles ever more,
all of them dressed like Princesses and Fairies;

I talk to the seagulls, their wings wide open
like white kerchiefs wafting in the air,
and I talk to the masts that stab the moonlight
in the lonely, starry nights;

I tell them my cravings, desires, and dreams,
with which your soul, drunk with victory,
raises the tower of my kisses toward the sky!

And my cries of love that ring out through space,
through the glittering brocade of glory,
are stars that fall from my lap!

VII

São mortos os que nunca acreditaram
Que esta vida é somente uma passagem,
Um atalho sombrio, uma paisagem
Onde os nossos sentidos se poisaram.

São mortos os que nunca alevantaram
De entre escombros a Torre de Menagem
Dos seus sonhos de orgulho e de coragem,
E os que não riram e os que não choraram.

Que Deus faça de mim, quando eu morrer,
Quando eu partir para o País da Luz,
A sombra calma de um entardecer,

Tombando, em doces pregas de mortalha,
Sobre o teu corpo heróico, posto em cruz,
Na solidão dum campo de batalha!

from *Charneca em Flor*

VII

DEAD ARE THOSE WHO NEVER BELIEVED
that this life is only fleeting,
a shadowy obstacle, a landscape
where our senses linger awhile.

Dead too are those who never
built a Stronghold amid the ruins
from their brave and noble dreams,
and those who never laughed and never cried.

Let God transform me when I die,
when I leave for the Land of Light,
into the calm darkness of an evening,

falling with the gentle pleats of a shroud
over your heroic body, crucified
in the solitude of a battlefield!

IX

Perdi os meus fantásticos castelos
Como névoa distante que se esfuma...
Quis vencer, quis lutar, quis defendê-los:
Quebrei as minhas lanças uma a uma!

Perdi minhas galeras entre os gelos
Que se afundaram sobre um mar de bruma...
— Tantos escolhos! Quem podia vê-los? —
Deitei-me ao mar e não salvei nenhuma!

Perdi a minha taça, o meu anel,
A minha cota de aço, o meu corcel,
Perdi meu elmo de oiro e pedrarias...

Sobem-me aos lábios súplicas estranhas...
Sobre o meu coração pesam montanhas...
Olho assombrada as minhas mãos vazias...

from *Charneca em Flor*

IX

I LOST MY FANTASTICAL CASTLES
like distant mist that dissipates...
I wanted to prevail, to fight, to defend them,
but one after another I shattered my every spear!

I lost my ships to the icebergs,
they sunk into a foggy sea...
So many hardships! Who could foresee them?
I dove into the sea and rescued nothing!

I lost my chalice and my ring,
my chainmail and my steed,
I lost my golden, bejewelled helmet...

Strange supplications come to my lips...
Mountains weigh heavy on my chest...
Astonished, I stare at my empty hands...

X

Eu queria mais altas as estrelas,
Mais largo o espaço, o sol mais criador,
Mais refulgente a lua, o mar maior,
Mais cavadas as ondas e mais belas;

Mais amplas, mais rasgadas as janelas
Das almas, mais rosais a abrir em flor,
Mais montanhas, mais asas de condor,
Mais sangue sobre a cruz das caravelas!

E abrir os braços e viver a vida:
— Quanto mais funda e lúgubre a descida,
Mais alta é a ladeira que não cansa!

E, acabada a tarefa... em paz, contente,
Um dia adormecer, serenamente,
Como dorme no berço uma criança!

Outubro, 1930

from *Charneca em Flor*

X

I WISH THE STARS WERE HIGHER,
space wider, the sun more potent,
the moon brighter, the sea greater,
the waves higher and more beautiful!

I wish the windows of the soul were larger, wider,
and there were more rose gardens in bloom,
more mountains, more condor wings,
and the crosses on caravel sails were redder still!

I wish to open my arms and live life:
the deeper and darker the descent,
the higher the endless climb!

And my task complete... happy, content,
I wish to drift off serenely
like a child sleeping in its crib!

October, 1930

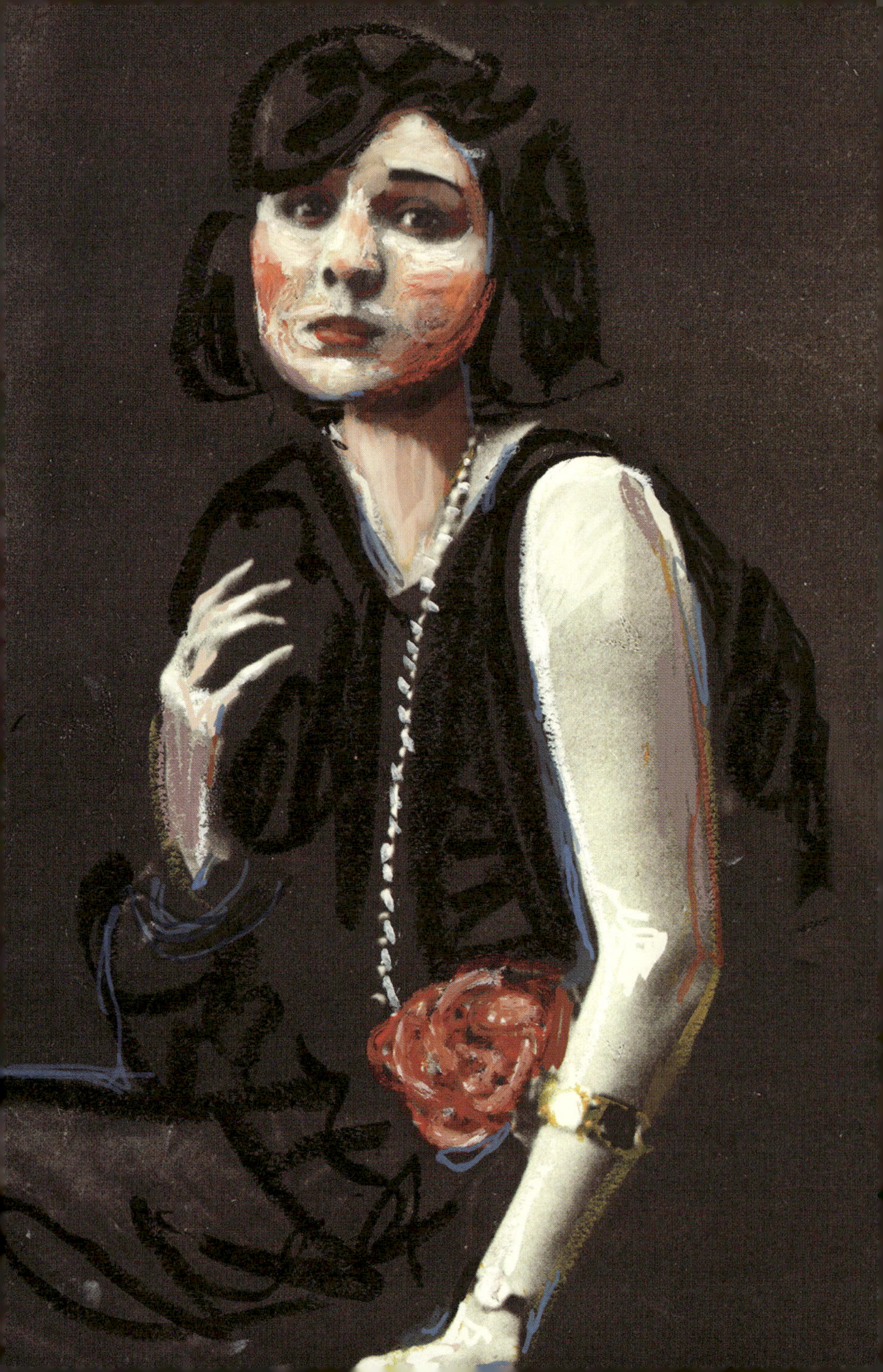

from *Reliquiae*

Florbela Espanca

Évora

Évora! Ruas ermas sob os céus
Cor de violetas roxas... Ruas frades
Pedindo em triste penitência a Deus
Que nos perdoe as míseras vaidades!

Tenho corrido em vão tantas cidades!
E só aqui recordo os beijos teus,
E só aqui eu sinto que são meus
Os sonhos que sonhei noutras idades!

Évora!... O teu olhar... o teu perfil...
Tua boca sinuosa, um mês de Abril,
Que o coração no peito me alvoroça!

... Em cada viela o vulto dum fantasma...
E a minh'alma soturna escuta e pasma...
E sente-se passar menina-e-moça...

from *Reliquiae*

Évora

Évora! Deserted streets under skies
the colour of purple violets... mendicant streets
begging in sad penance that God
forgive us our shameful vanities!

I've wandered so many cities in vain
and it's only here that I remember your kisses
and it's only here I can feel that
dreams from yesteryear are still mine!

Évora!... Your gaze... Your silhouette...
Your curving mouth, an April past
that my heart awakens in my chest!

... Down every alley the figure of a ghost...
And my gloomy soul listens out and starts...
feeling like Ribeiro's maiden miss going by...

Florbela Espanca

À Janela de Garcia de Resende

Janela antiga sobre a rua plana...
Ilumina-a o luar com seu clarão...
Dantes, a descansar de luta insana,
Fui, talvez, flor no poético balcão...

Dantes! Da minha glória altiva e ufana,
Talvez... Quem sabe?... Tonto de ilusão,
Meu rude coração de alentejana
Me palpitasse ao luar nesse balcão...

Mística dona, em outras primaveras,
Em refulgentes horas de outras eras,
Vi passar o cortejo ao sol doirado...

Bandeiras! Pajens! O pendão real!
E na tua mão, vermelha, triunfal,
Minha divisa: um coração chagado!...

from *Reliquiae*

At Garcia de Resende's Window

An old window looks over the level street…
The moon lights it up with its glow…
In times gone by, resting from the gruelling battle,
I was, perhaps, a flower on that poetic balcony…

In times gone by, perhaps… Who knows?…
dizzy with daydreams, fresh from my glorious win,
my rough Alentejo heart would pound
in the moonlight on this balcony…

Mystic lady, in springtimes of old,
in the shining times of a bygone age,
I watched the procession pass in the golden sun…

Banners! Footmen! The royal standard!
And in your hand, scarlet, triumphant,
my crest: a sacred heart!

Florbela Espanca

Navios-fantasmas

O arabesco fantástico do fumo
Do meu cigarro traça o que disseste,
A azul, no ar, e o que me escreveste,
E tudo o que sonhaste e eu presumo.

Para a minha alma estática e sem rumo,
A lembrança de tudo o que me deste
Passa como o navio que perdeste,
No arabesco fantástico do fumo...

Lá vão! Lá vão! Sem velas e sem mastros,
Têm o brilho rutilante de astros,
Navios-fantasmas, perdem-se à distância!

Vão-me buscar, sem mastros e sem velas,
Noiva-menina, as doidas caravelas,
Ao ignoto País da minha infância...

from *Reliquiae*

Ghost Ships

The fantastic arabesques of blue smoke
from my cigarette trace what you said
in the air, and all you wrote to me,
and all your dreams and my presumptions.

For my aimless, ecstatic soul,
the memory of what you gave me
drifts like the ship that you lost
in these fantastic arabesques of smoke…

Ahoy! Ahoy! Mastless and sailless,
they glisten bright like stars,
ghost ships vanishing in the distance!

These preposterous caravels, sailless and mastless,
go to fetch me, a child-bride,
from the secret realm of my childhood…

Blasfémia

Silêncio, meu Amor, não digas nada!
Cai a noite nos longes donde vim...
Toda eu sou alma e amor, sou um jardim,
Um pátio alucinante de Granada!

Dos meus cílios a sombra enluarada,
Quando os teus olhos descem sobre mim,
Traça trémulas hastes de jasmim
Na palidez da face extasiada!

Sou no teu rosto a luz que o alumia,
Sou a expressão das tuas mãos de raça,
E os beijos que me dás já foram meus!

Em ti sou Glória, Altura e Poesia!
E vejo-me — milagre cheio de graça! —
Dentro de ti, em ti igual a Deus!...

from *Reliquiae*

Blasphemy

Silence, my love, don't say a word!
Night falls yonder where I'm from...
I'm all spirit and passion, I'm a garden,
a heady Andalusian courtyard!

When your eyes fall on me,
the moon-kissed shadows of my lashes
cast trembling jasmine fronds
over my pale, enraptured face!

I'm the light that brightens your face,
I'm the gestures of your distinguished hands,
and the kisses you give me were once mine!

In you I am the pinnacle, poetry, and glory!
And—blessed miracle!—I see myself
inside you, and in you I'm God's equal!

Deixai entrar a Morte

Deixai entrar a Morte, a iluminada,
A que vem para mim, pra me levar.
Abri todas as portas par em par
Com asas a bater em revoada.

Que sou eu neste mundo? A deserdada,
A que prendeu nas mãos todo o luar,
A vida inteira, o sonho, a terra, o mar,
E que, ao abri-las, não encontrou nada!

Ó Mãe! Ó minha Mãe, pra que nasceste?
Entre agonias e em dores tamanhas
Pra que foi, dize lá, que me trouxeste

Dentro de ti?... Pra que eu tivesse sido
Somente o fruto amargo das entranhas
Dum lírio que em má hora foi nascido!...

from *Reliquiae*

Let Death Come In

Let Death come in, the enlightened one,
who comes for me, to take me away.
Open all the doors in the house,
their wings beating in flight.

Who am I in this world? The dispossessed,
who took all the moonlight in her hands,
all of life, dreams, the earth, and the sea,
but when she opened them had nothing!

Mother! Oh, Mother, why were you born?
Among such agony and such pain,
why, pray tell me, did you carry me

inside of you?... Why have I only ever been
the bitter fruits of a lily bud
that sprouted in an unhappy season!

À morte

Morte, minha Senhora Dona Morte,
Tão bom que deve ser o teu abraço!
Lânguido e doce como um doce laço
E como uma raiz, sereno e forte.

Não há mal que não sare ou não conforte
Tua mão que nos guia passo a passo,
Em ti, dentro de ti, no teu regaço
Não há triste destino nem má sorte.

Dona Morte dos dedos de veludo,
Fecha-me os olhos que já viram tudo!
Prende-me as asas que voaram tanto!

Vim da Moirama, sou filha de rei,
Má fada me encantou e aqui fiquei
À tua espera... quebra-me o encanto!

from *Reliquiae*

Dear Death

Death, my dear Lady Death,
your embrace must be so sweet!
Gentle and slow like a tender knot,
firm and still like a root.

There's no ill your hand can't soothe or cure,
the hand that guides us every step of the way.
With you, in you, in your lap,
there's no misfortune or bad luck.

Lady Death, with your velvet fingers,
close these eyes that have seen it all!
Take these wings that have flown so far!

I'm a princess from the land of the Moors,
cursed by an evil sprite, I wait here for you
to come... and break this magic spell!

Nihil novum

Na penumbra do pórtico encantado
De Bruges, noutras eras, já vivi;
Vi os templos do Egipto com Loti;
Lancei flores, na Índia, ao rio sagrado.

No horizonte de bruma opalizado,
Frente ao Bósforo errei, pensando em ti!
O silêncio dos claustros conheci
Pelos poentes de nácar e brocado...

Mordi as rosas brancas de Ispaã
E o gosto a cinza em todos era igual!
Sempre a charneca bárbara e deserta,

Triste, a florir, numa ansiedade vã!
Sempre da vida — o mesmo estranho mal,
E o coração — a mesma chaga aberta!

from *Reliquiae*

Nothing New

I lived long ago in the enchanted shade
of a portico in Bruges;
I saw the pyramids in Egypt with Loti;
I threw flowers into the Ganges.

I wandered by the Bosphorus,
thinking of you in the horizon's opal mists!
I knew the cloisters' silence
during pearly, brocade sunsets…

I've tasted white roses from Isfahan
and they all had the same flavour of ash!
Ever the wild, deserted moor

gloomily blooming with hopeless longing!
In life, always the same strange misfortune,
and my heart, the same gaping wound!

Florbela Espanca

Loucura

Tudo cai! Tudo tomba! Derrocada
Pavorosa! Não sei onde era dantes.
Meu solar, meus palácios, meus mirantes!
Não sei de nada, Deus, não sei de nada!...

Passa em tropel febril a cavalgada
Das paixões e loucuras triunfantes!
Rasgam-se as sedas, quebram-se os diamantes!
Não tenho nada, Deus, não tenho nada!...

Pesadelos de insónia, ébrios de anseio!
Loucura a esboçar-se, a enegrecer
Cada vez mais as trevas do meu seio!

Ó pavoroso mal de ser sozinha!
Ó pavoroso e atroz mal de trazer
Tantas almas a rir dentro da minha!

from *Reliquiae*

Madness

Everything tumbles! Everything falls! A terrifying
collapse! I know not where I was before.
My estate, my palaces, my watchtowers!
I know nothing, God, I know nothing!

The procession rides by in a feverish troupe
of passions and triumphant delusions!
The silks are torn, the diamonds crushed!
I have nothing, God, I have nothing left!

Sleepless nightmares, delirious longing!
Madness emerging, darkening
ever more the shadows within my breast!

Oh, the dire affliction of being alone!
Oh, the dire, cruel, affliction of lugging
so many cackling souls within my own!

Florbela Espanca

O meu soneto

Em atitudes e em ritmos fleumáticos,
Erguendo as mãos em gestos recolhidos,
Todos brocados fúlgidos, hieráticos,
Em ti andam bailando os meus sentidos...

E os meus olhos serenos, enigmáticos,
Meninos que na estrada andam perdidos,
Dolorosos, tristíssimos, extáticos,
São letras de poemas nunca lidos...

As magnólias abertas dos meus dedos
São mistérios, são filtros, são enredos
Que pecados d'amor trazem de rastos...

E a minha boca, a rútila manhã,
Na Via Láctea, lírica, pagã,
A rir desfolha as pétalas dos astros!...

from *Reliquiae*

My Sonnet

In composed rhythms and poses,
lifting my hands in controlled motion,
all dressed in shimmering, priestly brocade,
my senses go dancing around you…

And my enigmatic, tranquil eyes,
little boys wandering lost down the streets,
sorrowful, sad, enrapt,
the words of a poem never read…

The open magnolias of my fingers
are mysteries, potions, webs of intrigue
that love's transgressions tear down…

And my mouth, the gleaming morn,
unfurls the petals of the Milky Way stars
with its lyrical, pagan smile!

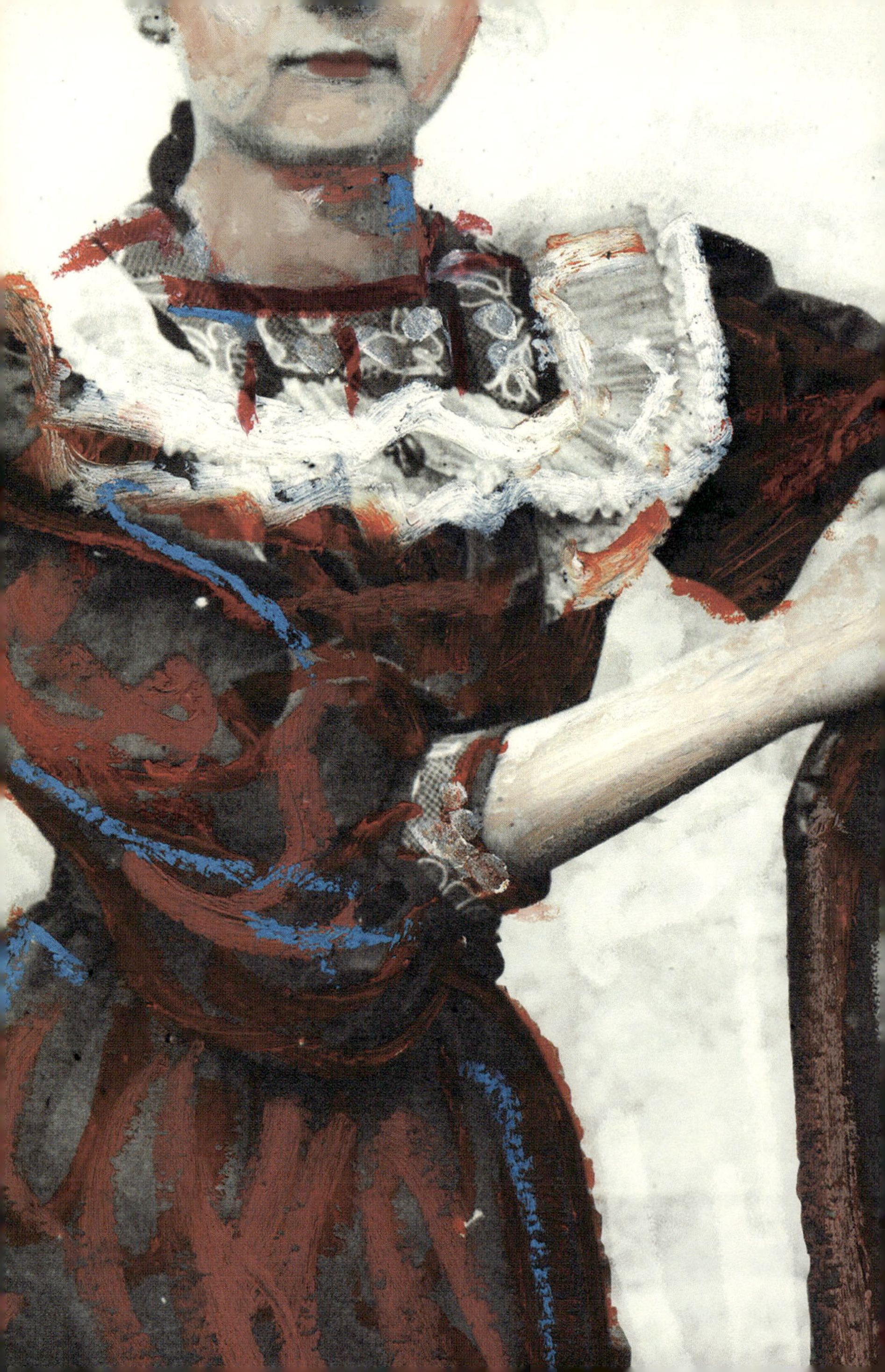

Liberta!

Eu ponho-me a sonhar transmigrações
Impossíveis, longínquas, milagrosas,
Voos amplos, céus distantes, migrações
Longe... noutras esferas luminosas!

E pelo meu olhar passam visões:
Ilhas de bruma e nácar, d'oiro e rosas...
E eu penso que, liberta de grilhões,
Hei-de aportar as Ilhas misteriosas!

Freed

I let myself imagine impossible,
distant, miraculous crossings,
boundless flights, far-off skies, travels
faraway... in other, dazzling worlds!

Visions appear before my eyes:
islands of mist and pearl, gold and rose...
and I think, freed from these chains,
I'll sail as far as the Forgotten Isles!

Bibliography

Editions of Florbela Espanca's poetry, prose and correspondence

Poetry

ESPANCA, F., (1919). *Livro de Mágoas*. Lisbon: Tipografia Maurício.

___, (1923). *Livro de «Soror Saudade»*. Lisbon: Tipografia A Americana.

___, (1931a). *Charneca em Flor*. Coimbra: Livraria Gonçalves.

___, (1931b). *Charneca em Flor*. [With 28 sonnets under the title "Reliquiae".] 2nd ed. Coimbra: Livraria Gonçalves.

___, (1931c). *Juvenilia*. G. BATTELLI (ed.). Coimbra: Livraria Gonçalves.

___, (1934). *Sonetos Completos*. Coimbra: Livraria Gonçalves.

___, (1994). *Trocando Olhares*. M.L. DAL FARRA (ed.). Lisbon: Imprensa Nacional-Casa da Moeda.

___, (2012). *Livro de Mágoas*. C. PAZOS-ALONSO and F.M. SILVA (eds.). Lisbon: Estampa.

___, (2012). *Livro de «Soror Saudade»*. C. PAZOS-ALONSO and F.M. SILVA (eds.). Lisbon: Estampa.

___, (2013). *Charneca em Flor*. C. PAZOS-ALONSO and F.M. SILVA (eds.). Lisbon: Estampa.

Prose and Correspondence

ESPANCA, F., (1981). *Diário do Último Ano*. Amadora: Bertrand.

___, (1982). *O Dominó Preto*. Amadora: Bertrand.

___, (1985–1986). *Obras Completas*. R. GUEDES (ed.). vols. 3–6. Lisbon: Dom Quixote.

___, (2008). *Perdidamente: Correspondência Amorosa (1920–1925)*. M.L. DAL FARRA and I. PEDROSA (pref.). Vila Nova de Famalicão: Quasi.

___, (2015). *Máscaras do Destino*. C. PAZOS-ALONSO and F.M. SILVA (eds.). Lisbon: Estampa.

Translations into English

ESPANCA, F., (1998). Poemas de Florbela Espanca. In: Z.B. Silva (ed.); D.N. Haas (trans.). *Homenagem a Florbela Espanca, Cadernos de Teoria Literária*, vol.15. Araraquara: UNESP.

___, (2007). 12 Sonnets by Florbela Espanca. In: A.L. AMARAL (trans.). *Um breve olhar musical sobre a poesia de Florbela Espanca (Canto e Piano)*. (Book and CD). Porto: Fermara Editora/Câmara Municipal de Matosinhos, pp. 99–106.

___, (2015). *28 Portuguese Poets: a bilingual anthology*. R. ZENITH and A. LEVITIN (trans.). Dublin: Dedalus Press.

___, (2018). *Florbela Espanca Selected Poems*. B.J. MACIUNAS (trans.). Brooklyn: Rail Editions.

Critical Literature about Florbela Espanca and her work

BESSA-LUÍS, A., (1979). *Florbela Espanca, a Vida e a Obra*. Lisbon: Arcádia.

BRAGA, T.J., (1990). The Limbs of a Passion. *Hispania* 73, pp. 978–82.

CORREIA, N., (1981). A Diva. In: *Florbela Espanca, Diário do Último Ano*. Amadora: Bertrand, pp. 9–30.

KLOBUCKA, A., (2004). Florbela Espanca. In: M. RECTOR and F.M. CLARK (eds.). *Portuguese Writers. Dictionary of Literary Biography*. Detroit: Gale.

___, (2009). *O Formato Mulher*. Coimbra: Angelus Novus.

LEITE, J. and F.M. SILVA (eds.), (2022, forthcoming). *Dicionário de Florbela Espanca*. Lisbon: Edições Esgotadas.

SILVA, M.C.L., (2004). The Sexual Being in *Charneca em Flor*. *Portuguese Studies* 20, pp. 229–49.

OWEN, H. and C. PAZOS-ALONSO, (2011). *Antigone's Daughters? Gender, Genealogy, and the Politics of Authorship in Twentieth-Century Portuguese Women's Writing*. Lewisburg: Bucknell University Press.

PAZOS-ALONSO, C. (ed.), (2011). Modernist Differences: Judith Teixeira and Florbela Espanca. In: S. DIX and J. PIZARRO (eds.). *Portuguese Modernisms: Multiple Perspectives in Literature and the Visual Arts*. London: Legenda, pp. 122–34.

___, (2013). Watch this Space: Florbela Espanca 'Esfinge'. In: *Reading Literature in Portuguese*. Oxford: Legenda, pp. 195–202.

SENA, J., (1947). *Florbela Espanca ou a Expressão do Feminino na Poesia Portuguesa*. Porto: Biblioteca Fenianos.

Recent Artistic Responses

A MORrer (2005) [Movie]. Directed by Gabriela Caldas.

Florbela (2008) [Movie]. Directed by Vicente Alves do Ó. Lisbon: Alambiques

DAL FARRA, M.L. (2017). De Florbela para Pessoa. Com Amor. In *Terceto para o fim dos tempos*. Sao Paulo: Iluminuras.

Florbela Espanca – O Fado. [CD-Book] (2019). Oeiras: SevenMuses.